## 이 책을 후원해 주신 여러분께 감사드립니다.

(가나다 순)

| | | | | | | | | |
|---|---|---|---|---|---|---|---|---|
| move_like | 감자슈 | 강민영 | 강성혁 | 강창범 | 강태길 | 강태진 | 강현창 | 고예지 |
| 고현진 | 공서현 | 권오준 | 기은정 | 김강산 | 김경수 | 김경아 | 김경준 | 김광산 |
| 김나윤 | 김미인 | 김미주 | 김민규 | 김민선 | 김민영 | 김민철 | 김상묵 | 김상우 |
| 김선영 | 김선형 | 김선희 | 김세훈 | 김소희 | 김승필 | 김승희 | 김양희 | 김여정 |
| 김영선 | 김유선 | 김인섭 | 김정선 | 김정윤 | 김정태 | 김정혜 | 김준영 | 김지해 |
| 김지해 | 김지혜 | 김철중 | 김하나 | 김한조 | 김혜경 | 김혜진 | 남순연 | 남윤화 |
| 노승연 | 노형호 | 다이아 | 돼지몽키 | 류진경 | 문지혜 | 민지원 | 바셀린 | 박강현 |
| 박경희 | 박나리 | 박민경 | 박범규 | 박보경 | 박소현 | 박수연 | 박수종 | 박수진 |
| 박수진 | 박승규 | 박재범 | 박지원 | 박지은 | 박지훈 | 박진주 | 박태순 | 박태우 |
| 박희진 | 배석준 | 배재익 | 배하정 | 백효민 | 변선희 | 보라카이 | 부럽 | 부주사 |
| 서남숙 | 성은하 | 소현수 | 손다슬 | 송병우 | 송병혁 | 송치호 | 송하람 | 숲 |
| 신다혜 | 신은경 | 신진희 | 신현아 | 심경환 | 심미영 | 아콩이 | 안주현 | 안주현 |
| 안주희 | 양윤지 | 양재천&에바 | | 양진희 | 엘코소 | 여경화 | 연정은 | 염하림 |
| 오미선 | 오수경 | 오혜영 | 워킹맘 | 유동표 | 유시내 | 유주희 | 윤보현 | 이난주 |
| 이남구 | 이설 | 이수지 | 이수진 | 이수형 | 이슬희 | 이승재 | 이은정 | 이일룡 |
| 이재욱 | 이재원 | 이종건 | 이종민 | 이주연 | 이준벽 | 이준벽 | 이준행 | 이지은 |
| 이진경 | 이태환 | 이태효 | 이현아 | 이혜령 | 이화 | 이화수 | 임연지 | 임예슬 |
| 임은영 | 임재기 | 임정호 | 임주리 | 장준성 | 장혜진 | 전유경 | 전정은 | 전지원 |
| 전진우 | 전치우 | 정광용 | 정다운 | 정동주 | 정영혜 | 정유영 | 정은혜 | 정재욱 |
| 정지현 | 정지현 | 정진아 | 정푸른나래 | 조세진 | 조우만 | 조우만 | 주재영 | 주재영 |
| 지니허니 | 쩐부자 | 차동석 | 척척박사 | 최다훈 | 최다훈 | 최대희 | 최미선 | 최민경 |
| 최민형 | 최새롬 | 최서원 | 최성호 | 최수정 | 최유정 | 최은정 | 최은희 | 최희선 |
| 파첸티 | 하재성 | 한길연 | 한송이 | 한승현 | 한용우 | 한주경 | 한혜미 | 허일웅 |
| 현경덕 | 홍현정 | 황성준 | 황예솔 | 황예솔 | 황윤재 | 황태진 | | |

**강남, 내집마련, 우리 아이 시작점**

초판 1쇄 인쇄 2025년 4월 2일
초판 1쇄 발행 2025년 4월 5일

**지은이** • 재테크 캠퍼스 명예의 전당 14가족 지음
**발행인** • 강혜진
**발행처** • 진서원
**등록** • 제 2012-000384호 2012년 12월 4일
**주소** • (03938) 서울시 마포구 동교로 44-3 진서원빌딩 3층
**대표전화** • (02) 3143-6353 | **팩스** • (02) 3143-6354
**홈페이지** • www.jinswon.co.kr | **이메일** • service@jinswon.co.kr

**편집진행** • 안혜희 | **마케팅** • 강성우, 문수연 | **경영지원** • 지경진
**표지 및 내지 디자인** • 디박스 | **인쇄** • 보광문화사

◆ 잘못된 책은 구입한 서점에서 바꿔 드립니다.
◆ 이 책에 실린 모든 내용, 디자인, 이미지, 편집 구성의 저작권은 진서원과 지은이에게 있습니다. 허락 없이 복제할 수 없습니다.
◆ 저작권자를 찾지 못한 내용과 사진은 저작권자가 확인되는 대로 저작권법에 해당하는 사항을 준수하고자 합니다. 양해를 구합니다.

ISBN 979-11-93732-18-2 13320
진서원 도서번호 24006
값 21,000원

# 강남, 내집마련, 우리 아이 시작점

## 강남 서초 잠실 등기 친 14가족 이야기

재테크 캠퍼스 땅앤의 전생 14기족 지음

진원

**추천의 말**

# 짧게는 6개월, 길게는 5년
# 14가족과 함께 울고 웃던 이야기

이 책을 미리 읽고 있는데, 초등학생 아들이 옆으로 다가오더니 물어봅니다.

"아빠 뭐해?"

"아빠는 지금 우리 집 근처로 이사 온 삼촌들이랑 이모들이 쓴 원고를 읽고 있어. 작년에 아빠 책 나올 때 봤었지? 책 나오기 전에 미리 읽고 교정했던 거. 그거랑 똑같은 거야."

"그래? 아빠! 이번엔 책 제목이 뭐야?"

(책 제목을 보며) "어? 내 이야기네. '우리 아이 시작점!' 내 이야기잖아~."

"아, 그러네! 우리 아들 이야기네." (역시 내 아들답다. ^^)

이 책은 강남, 서초, 잠실에 내집마련한 14가족의 이야기입니다. 평범한 월급쟁이들이 어떻게 강남 3구에 내집마련을 했는지 각자의 경험담을 담았습니다. 전문가도 아닌데 두려움과 혼란스러운 감정을 어떻게 극복하고 서울 최상급지에 내집마련을 할 수 있었을까요? 지금도 이게 가능할까요? 무엇이 이분들을 최상급지로 이끌었을까요? 수많은 질문에 대한 해답이 이 책에 모두 녹아있습니다. 간절함과 땀 냄새 나는 경험담을 읽다 보면 '내가 이분들 입장이었어도 이렇게 온 힘을 다했을까?' 생각해 보는 계기가 될 것입니다.

이 책에 나온 14가족분 모두 제가 직접 고민을 들어드리면서 짧게는 6개월, 길게는 5년간 상담을 거쳐 내집마련을 하셨습니다. 상담할 때마다 절망 속에서 우시는 분들도 많았고 "지금이라도 할 수 있을까요?"라고 수십 번씩 질문하신 분들도 많았습니다. 저도 힘들었지만, 본인들은 훨씬 큰 고통의 시간이었을 겁니다. 하지만 고생 끝에 낙이 온다고 다들 원하는 목표에 도달하셨고 가족들의 꿈을 이루셨습니다.

### 한정판 선물로 증정되던 부록을 정식 책으로 출간!
### 투박하지만 진솔함으로 인기를 끌던 내용

책 전체가 14가족 인생의 중요한 변곡점 순간을 담았습니다. 이 책의 시작은 저의 두 번째 책인 《쏘쿨의 인서울 인강남 내집마련》으로 거슬러 올라갑니다. 수강생분들의 실제 내집마련 경험담을 담으면 좋겠다는 의견에 따라 초판 한정 선물로 60여 쪽의 부록을 만든 것이 시작이었습니다. "재미있다!", "더 읽고 싶다!"는 독자분들의 의견이 많아 이번에 더 많은 저자분이 합세하여 정식 책으로 출간된 것입니다.

투박한 월급쟁이들의 내집마련 경험담이지만, 진솔함이 글자마다 담겨있습니다. 저는 미리 알던 내용이었는데도 새삼스레 가족을 위해, 아이를 위해 더 좋은 입지로 내집마련하던 과정이 확 느껴졌습니다. 읽는 내내 초보 시절 제 모습이 떠올라 눈시울이 붉어졌고 웃다, 울다 했습니다. 부동산 사장님에게 "너무 늦게 왔어. 조금만 빨리 오지~."란 소리를 듣던 부분에서는 '나만 초보 시절에 들었던 소리가 아니었구나.' 하면서 웃고, 아이가 아파서 급하게 뛰어다녔다는 부분에서는 우리 아들이 아팠을 때가 생각나서 눈물이 났습니다. 아빠의 마음, 엄마의 마음으로 읽다 보면 누구나 공감하실 겁니다.

이제야 고백하지만, 이 책의 전작인 '부록'을 당시에는 자세히 읽지는 않았습니다. 왜냐하면 제 책의 원고를 쓰고 교정하기도 바빴고, 막상 출간된 후에는 강의와 북토크, 유튜브 출연, 머니쇼 등 다양한 활동으로 부록을 잊어버렸기 때문입니다. 이분들이 경험한 글을 읽어보니 상담에서는 차마 말 못했던 일이 많았다는 것을 느꼈습니다. 이미 다 알고 있었다고 생각했는데, 한 분 한 분이 매 순간 겪은 감정선까지 이 책을 보고 알게 되어 저 혼자서 더 내적 친밀감이 더 생겼습니다.

## 같은 대한민국이라도 사는 곳은 하늘과 땅 차이만큼 크다!

독자분들 중에는 '왜 그렇게까지 각박하게 대출 이자 많이 내가며 비싼 최상급지에 살아야 하나?'라는 생각도 들 것입니다. 그리고 "사람 사는 곳은 다 똑같지 않나?"라고 말씀하고 싶은 분들도 분명 있을 것입니다. 하지만 제가 목숨 걸고 자신 있게 말씀을 드립니다. 사람 사는 곳은 같은 대한민국 안에서도 하늘과 땅만큼 많이 차이 난다는 사실을 말이죠.

서울 하급지에서 나고 자란 저도 22년간 경기도와 인천을 전전한 끝에 서울에 다시 입성해서 송파구에서 11년째 살아가고 있습니다. 아직도 서울에 살고 있다는 사실이 실감 나지 않습니다. 22년간 서울로 등하교와 출퇴근을 하면서 길바닥에 하루 4~5시간을 버렸습니다. 광역버스 안에 서서 다리를 후들거리며 졸던 불쌍한 인생이었죠. 그 고통은 군대 생활만큼 힘들었습니다. 하지만 이제는 서울 한복판에 살면서 어디를 가나 30분 내외면 도착하는 이동의 자유를 마음껏 느끼는 삶을 살고 있습니다. 이동이 자유로우니 삶의 질이 크게 상승하는 것을 느낍니다. 더구나 서울 한복판 강남에는 은행도 넘쳐나고, 마트와 백화점, 병원이 수도 없이 많습니다. 학군까지 말하면 입 아프죠. 교통, 환경, 학군, 수많은 인프라가 몰려있는 곳에서 높은 삶을 유지하고 더 열심히 본업에 충실한 삶을 살아가시라고 많이 말씀드립니다.

그곳이 꼭 강남일 필요는 없습니다. 그곳이 부산이면 부산에서 가능한 가장 좋은 곳에 내집마련하시고, 그곳이 대구이면 대구에서 가능한 가장 좋은 곳에 내집마련하세요. 그곳이 서울이면 서울에서 가능한 가장 좋은 곳에 내집마련하시라는 겁니다. 노력해서 가장 좋은 대학교에 가고, 노력해서 가장 좋은 회사에 취업하며, 노력해서 가장 좋은 배우자와 결혼하면서 왜 집은 노력해서 가장 좋은 곳에서 살지 않는지, 왜 부모가 정해놓은 울타리 안에서만 살아야 하는지, 그 울타리를 넘어 우리에게, 아니 우리 아이들에게 더 많은 기회를 주는, 기회의 땅이 있는데 말입니다. 이런 제 생각을 가장 잘 실천한 14명의 저자분들의 생생한 체험글을 읽고 독자분들의 삶도 이분들과 함께 새로운 세상에서 가족과, 특히 우리 아이들과 다른 시작을 하시기를 간절히 기도합니다.

"아빠, 내 이야기네!"
"아니~ 사실 아빠 이야기야. 나도 우리 아들 덕분에 이 멋진 삶을 살게 해 줘서 고마워. 우리 부모님이 아빠에게 못해 주셨던 삶을 내가 우리 아들한테 선물해 줄 수 있는 기쁨을 줘서 고마워."

**자녀를 당신의 배움으로 제한하지 마라. 그들은 당신과 다른 시대에 태어났다.**
— 라빈드라나트 타고르(Rabindranath Tagor)

*산쿨*

목차

## 01 지방 아파트만 7채! 역전세 손실 감당하고 강남으로 이사! 19
· 비타영님 ·

5년 전 다주택 시스템으로 현금 흐름 만들기에 몰입했던 나 20
하루 5만 보씩 전국을 누빈다고 저평가된 곳이 보일까? 22
왜 돌이 된 아이를 떼어놓고 지방 숙박 임장에 나섰을까? 23
손에 쥔 현금 4억으로 지방 아파트만 7채 연속 매수! 25
집 10채로 수익을 내도 집 1채로 망한다? 27
부동산은 '데이터'가 아닌 사람의 '욕망'으로 움직인다! 28
지방 아파트를 팔고 강남 3구에 내집마련하기까지! 29
교환 가치가 빛을 발하다! 3억 손실과 맞바꾼 가족의 행복 32

## 02 평촌 → 잠실 입성! 밑바닥부터 시작해 강남 3구에 내집마련 성공! 35

· 다이아 & 부주사 님 ·

양가 부모님 도움 없이 잠실 입성! 이렇게 이뤄낸 내 가족의 안정과 행복 36
백화점 명품관을 드나들며 절약과 저축 개념이 없던 다이아 37
다이아와 정반대의 삶을 살아온 부주사 님 40
우리 형편에 새 아파트는 불가능? 난생 처음 부동산 공부를 시작하다 42
첫 번째 내 집은 유리천장 안쪽의 쉬운 선택지,
    두 번째 내 집은 똑같은 실수를 반복할 수 없다!
       시세지도 들고 꼼꼼히 임장 시작! 46
강남 3구 도전! 아이가 생기니 모든 게 달라졌다 51

## 03 수원 → 관악 → 잠실 입성! 한강공원 따릉이 타고 출퇴근! 56

· 잠실쌤 & 잠실현 님 ·

젊은 날, 길에서 버린 청춘의 시간 57
서울 입성! 관악구에 첫 집 마련! 58
함께 봤던 강동구 아파트와 갭 차이가 크게 벌어지다 59
첫 집 매도를 위해 부동산 사장님과 친해지기 61
배우자와 함께하면 쉬워요! 63
나에게 찾아와준 잠실 아파트 급매! 65
제 남편이 달라졌어요! 남의 편을 내 편으로 만드는 방법 68
남편 잠실현 님의 '다 그렇게 사는 줄 알았던 삶' 71
부동산을 하면 자기 자신을 잘 알게 되죠! 74

## 노원구에서 서초구 한강 변 신혼집으로 갈아타기 성공! 78

· 로지 & 강남별 님 ·

**로지 님 이야기**

흙수저 지방 출신! '재테크 캠퍼스 쏘쿨스쿨' 1호 커플! 79
서울 사는 것, 스펙 맞아요! 80
얼떨결에 상경한 지방러, 첫 월셋집은 부천의 오래된 오피스텔 81
부천 오피스텔에서 구로구 원룸 전세로! 82
내집마련에 가장 큰 장애물은 바로 나 자신! 83
어느새 내 손에 서울 아파트 매매 계약서가? 84
당연한 삶? 어쩌면 당연하지 않은 삶! 87
내가 원하는 삶은 나 혼자만의 능력으로는 역부족! 89
잠깐만요! 이렇게 빨리 결혼한다고요? 91
우리도 10년 후에는 강남 3구에 들어갈 수 있겠지? 94
생각보다 빨리 찾아온 기회, 노원집 2채를 잠실집 1채로! 95
방향은 정해졌으니 다음 기회는 반드시 잡는다! 97
양가 부모님 반대가 가장 큰 벽! 설득 작전 돌입! 98
매수하는 것보다 1만 배는 더 어려운 매도 100
인테리어의 힘이 이렇게나 막강했다니! 102
강남 3구 입성 2계명! 조급증 NO! 쉬운 선택 NO! 103
낮은 층+공실 vs 높은 층+세입자 사는 집 105
이제 우리 서초에 들어가는 거야? 107

**강남별 님 이야기**

캥거루족 출신 강남별의 서초구 내집마련기 111
나도 서울에 내집마련하고 싶다! 113
사람에도 인연이 있듯이 집에도 인연이 있다! 114
강남 3구에 나도 갈 수 있을까? 115

집을 사는 게 어렵다고? 파는 게 1만 배는 더 어려워! 116
드디어 찾아온 매도 기회! 118
어느새 내 손에 강남 아파트 등기부등본이 들어오다! 119
서초에서의 행복한 신혼생활, 여러분도 할 수 있습니다! 121

## 05 지방 아파트 5채, 서울 아파트 1채 매도 후 강남에 내집마련 성공! 123
· 바모스 님 ·

내 집은 전세로, 실거주는 월세로!
    지방 아파트 5채, 서울 아파트 1채 투자! 그러나 역전세를 맞다 124
'실거주 내집마련'할 때 왜 중요한 것을 놓쳤을까? 125
강제 미라클 모닝 도봉구 라이프 vs 여유만만 인강남 라이프 127
여전히 대출도, 이자도 많지만… 130

## 06 대전 출신 → 반포에 내집마련 성공! 실거주 가치를 마음껏 누리다 131
· 미나리 님 ·

정말 좋은 집을 살아봐야 실거주 가치를 알아요 129
집은 곧 사람이다! 133
에너지가 충전되는 곳, 반포! 135
모든 게 다 있는 편리한 인프라! 돈보다 더 값진 시간 절약 137
직주근접을 외치던 남편의 반포 실거주 찐후기 140

## 07 내 집 앞이 올림픽공원! 밥통의 야생 경험과 상급지 매수기 142

· 우주파 & 맘제이 님 ·

수도권 신도시에 내 집을 분양받다 143
왜 우리 집이 20~30년 차 구축의 전셋값밖에 안 되지? 145
주말 임장에 올인! "아빠 싫어!" 아이 말에 정신을 차리다 147
인강남 내집마련 강의를 듣고 용기를 얻다 149
내집마련을 엑셀로 할 수 있을까? "NO!"
　행동하자! 그러면 할 수 있다! 150
아내와 함께 내집마련 강의를 수강하다 152
아내와 방향성이 같아지다! 더욱 구체적으로 인강남 준비 시작! 154
정신 차려! 여긴 야생이야! 156
상급지로 이사한 후의 삶은 어떨까요? 158

## 08 지방 아파트 5채 매도 후 반포에 내집마련 성공! 161

· 바르 님 ·

핏덩이 떼어놓고 갈아 넣은 5,500시간! 162
잘못된 부동산 투자의 이상함 감지! 드디어 콩깍지를 벗다 164
제자리를 찾으며 몸과 마음이 가족을 향하기 시작하다 167
지방 아파트 가격은 뚝뚝 떨어지고~ 결국 공황장애가 오다 169
무조건 팔아야만 나와 내 가족이 산다! 170
드디어 반포 아파트 매수! 그리고 손실도 모두 회복! 172

## 캥거루족이 지방 투자 실패를 딛고 내집마련 성공! 175

· 란드님 ·

경제적 자유가 절실했던 20대, 갭투자에 올인! 176
지방 광역시 아파트에 첫 투자, 하지만 세입자의 역습!
　　스트레스로 위염과 흰머리 가득! 178
이게 과연 내가 원하던 삶인가? 실패를 인정할 용기와 시간 필요! 179
'생애 최초' 대출 히든카드는 놓쳤지만
　　'돈'보다 '내집마련'이라는 경제적 안정감을 찾아서! 181
따뜻한 봄과 함께 찾아온 '네이버 부동산' 알람!
　　역시 부동산은 타이밍과 신속함이 중요! 182

## 주식, 비트코인, 지방 아파트 투자 끝에 강남 신혼집 입성! 185

· 로제&치즈님 ·

| 로제 님 이야기 |
| --- |

사회 초년생의 한탕주의 심보, 그리고 처참한 결과 186
부동산만 모르는 게 아니더라~ 세상을 모르는 거였더라 187
지방 아파트 매도 결심! 큰 결정을 내릴 때 푼돈에 얽매이지 말 것! 190
매주 부산과 서울을 오가며 내 집 찾아 삼만리~ 우리 집은 어디에? 191
집을 살 때 돈이 아니라 꿈에 맞춰라!
　　젊음과 용기로 강남에 내집마련 성공! 192
신혼집 계약하던 그날이 아직도 생생! 지인들 도움으로 등기 완료! 194
어딘가에 있을 흙수저분들을 위해, 여러분도 강남 입성할 수 있습니다! 196

| 치즈 님 이야기 | 십자인대 수술까지 하며 지방 투자 감행! 뭔가 잘못된 건 아닐까? 197
매주 부산에서 올라와 강남 임장!
　　지방 투자 물건은 헐값에 눈물의 매도 성공! 198
강남에 정말 우리 집이 있을까? 총알은 있지만 과녁이 없는 현실! 201
가성비가 아닌 평생 살 수 있을 만한 곳을 찾아서! 203
우리 계약할 수 있을까? 인생의 2차 총력전을 펼치다 205

## 11 지방 3채 + 실거주 1층 매도 성공! 송파로 이사 왔어요! 207

· 제이제이 님 ·

6개월 만에 쓰는 실거주 경험담 208
무지한 부린이로 쉬운 선택을 했던 첫 집, 1층 집 매수 210
'다주택 시스템 투자' 환상에 젖어있던 시절,
　　'역전세' 역풍을 거세게 맞다 211
1억이나 낮추어 겨우 전세 계약! 심한 우울감으로 원형탈모까지 오다 213
'큰 태양 마련'이 핵심!
　　이 간단한 사실을 왜 이렇게 멀리 돌아와 알았을까? 214
남편과 함께 멘토 선배 스터디를 듣고 서울 이사를 결정하다 216
고통스러웠지만 1년도 안 걸려 매도 성공!
　　큰 애가 6학년 되기 전까지 다 팔고 서울로 가자 217
3채 매도, 이제 남은 건 단 1채! 손실 확정은 괴로웠지만 매도 단행! 221
매수에 총력! 드디어 내 집 발견!
　　부동산과의 소통 + 꼼꼼한 자금 계획이 큰 힘! 223
서울은 스스로 깰 수 없었던 유리천장 같은 것!
　　돌고 돌아 드디어 서울 입성 성공! 225

공원, 학교, 병원 인프라를 마음껏 누리며 서울 생활 만끽! 226
임장하며 밖에서 찍었던 발 사진? 이제는 집에서 아이들과 발 사진! 229

## 짧고 굵게! 반포 진입 3개월 총력전 보고서 232
· 타미 & 해피 님 ·

넘사벽 반포! 내가 이곳의 주인이 되다니! 233
올바른 방향성 정립! 나침반 들고 보물섬을 향해 앞으로! 235
왜 이 동네를 벗어날 생각을 못했을까?
    내 아이에게만은 좋은 환경을 물려주고 싶다! 235
3개월 동안 입질도 없던 매도 과정, 1억 이상 손해 보는 상황 236
매도 과정에서 멘탈이 무너지다! 매도 후 배우고 느낀 점 239
경부고속도로 왼쪽 아파트 매수 성공! 지성이면 감천! 240
부부 팀워크의 마법이 큰 힘을 발휘하다! 244
반포 1년 실거주 후기 245
사용 가치, 투자 가치, 연금 가치를 모두 넘어선 우리 집 249

## 수원에서 강남 입성 성공! 현장에 답이 있다 251
· 포포몬쓰 님 ·

사실 알고 있었지만 외면했던 정답지를 마주하다!
    그땐 왜 그렇게 조급했을까? 252
지방 임장, 시세차익을 거두고 싶은 욕망 속으로…
    나는 지금 어디로 가고 있니? 253
어디에 살아야 하는가에 대해 고민하다 256

내 인생의 큰 방향성은 내 아이와 가족의 행복!
　진정으로 가족과 내 미래를 위한 선택을 하다 257
뜨거운 여름, 더 뜨거운 강남 3구 258
내 가족에게 매수하기 좋은 시기란?
　과연 내가 살고 싶은 지역, 단지, 집인가? 260
입지가 최우선! 연식과 평형에 대한 기대치 낮추기 262
왜 강남인가? 정답은 현장에 있다 263
강남에 우리 가문의 터를 잡다 265

## 14  천호동에서 반포로!
## 손에 쥔 것을 놓아야 새로운 시작이 가능하다! 268
· 감사한 하루 님 ·

천호동 재개발 2채=반포 1채
　17년 만에 확정된 손실 약 3억 4,000만 원! 269
무산된 '한강 르네상스' 사업! 호재만 보고 매수한 자의 비참한 최후 270
동생과 같은 출발, 하지만 전혀 다른 결과…
　이번 생은 망했다는 무력감에 시달리다 271
손에 쥔 것을 놓아야 새로운 시작이 가능하다 273
매도 과정에서 겪었던 수많은 고난을 딛고 드디어 무주택자가 되다 275
나에게도 기적이! 드디어 반포 아파트 매수 계약서를 쓰다 277
좋은 집에 가면 위로받고 힘을 얻는다 279

# 01

## 지방 아파트만 7채! 역전세 손실 감당하고 강남으로 이사!

― 비타영 님 ―

머리말

## 5년 전 다주택 시스템으로
## 현금 흐름 만들기에 몰입했던 나

2019년 10월 13일 일요일, 생애 첫 부동산 재테크 강의로 쏘쿨◆님을 처음 만났습니다. 당시 9개월 아기를 키우고 있었는데, 강의 첫날 하필이면 남편이 갑작스럽게 회사에 일이 생겨 출근했습니다. 어린 아기를 데리고 강의에 갈 수 없었지만, 강의를 포기하기도 싫었어요. 그래서 택시로 1시간 거리의 친정에 급하게 아기를 맡기고 부동산 재테크 강의를 들으러 갔습니다. 자본주의에 대해서는 잘 몰랐지만, 제 월급으로 돈을 모으는 것보다 집값이 더 빨리 오르는 것은 몸소 느끼고 있었습니다. 아이를 낳기 전에 월급의 90%를 저축하다가 대출을 이용해 이미 내 집을 마련한 상태였습니다. 그런데 그토록 염원하던 집을 사고 난 후 출산도 하고 외제차도 사다 보니 이렇게 소비가 늘어나는 게 맞는 건지 스스로 의구심이 들었어요. 그리고 '재테크'라는 것에 대해 굉장히 목이 말랐던 시기였습니다.

"실거주 집에 가지고 있는 대출을 먼저 갚아야 하나요?"

이것이 저의 첫 번째 질문이었는데, "이 밥통은 뭐지?" 하면서 쳐다보시던 쏘쿨 님의 표정이 지금도 잊혀지지 않습니다. '전세금이 무이자 레버리지'라는 것도 제대로 이해하지 못했을 정도로 자본주의에 대해 아무것도 몰랐던 저는 첫 강의 때 그냥 웃다가 끝났습니다.

### 초보자일 때 가장 많이 하는 실수

열정적인 조급함의 마지막 장면은 항상 같습니다.
모두 다 다른 길, 각자의 길로 가는 듯하지만 결국 정상 한 곳에서 만납니다.
그런데 문제는 정상이 자신이 진정으로 원했던 곳이 아닌 경우가 많습니다.
페달을 열심히 밟을 생각만 했지 목적지를 보지 않은 것,
자전거 핸들 방향을 신경 쓰지 않은 것입니다.
열정적인 조급함 때문에 페달을 빨리 밟을수록
자신의 진정한 목표와는 더욱 먼 다른 산으로 올라갑니다.

– 인서울 인강남 내집마련 전문가 쏘쿨(25년 차 투자자)

◆ **쏘쿨**: 서울 원주민 25년 차 투자자로서 인서울 인강남 내집마련계의 일타 강사(수많은 부동산 내집마련 강사들을 가르친 스승이면서 많은 부동산 투자자가 사용하는 시세지도의 창시자). 《쏘쿨의 수도권 꼬마아파트 천기누설》, 《쏘쿨의 인서울 인강남 내집마련》의 저자이다. 내집마련 강의를 통해 현재 강남 3구에는 300가족 이상, 서울에는 400가족 이상 내집마련을 도와주고 있다.

## 하루 5만 보씩 전국을 누빈다고
## 저평가된 곳이 보일까?

갑자기 5년 전 제 모습이 떠오릅니다. 해소되지 않는 재테크에 대한 궁금증이 너무 많았습니다.

"어떻게 부자가 될 수 있는 것일까? 예금? 주식? 부동산?"

책을 봐도, 신문을 봐도 모두 뜬구름 잡는 이야기 같았습니다. 쏘쿨 님 강의를 다 듣고 30%도 이해하지 못한 주제에 또 다른 강의를 찾아다녔습니다. 아파트 갭투자, 분양권, 재건축, 재개발, 교통 호재, 지식산업센터 등 강의도 수없이 많이 들었습니다. 게다가 계속 재테크를 공부하는 환경 속에 있어야 한다고 생각해서 연계된 과정을 반복 수강했고 강의비로만 1,000만 원 이상 지출했습니다. 모두 열심히 하는 분위기와 서로 응원해 주는 모습에 휩쓸렸고 저 스스로가 잘하고 있다는 '자기 위안과 자기 합리화'에 빠져 잘못된 산을 무려 4년 동안 올라갔던 것입니다. 제가 4년 동안 강의를 들었던 그곳은 어려운 투자 결정도 유료로 '대신' 해 주는 곳이었습니다. 피 같은 내 돈을 넣는 투자는 온전히 저 자신이 책임져야 하는데, 왜 남의 말만 믿고 행동했는지 지금 생각하면 기가 찹니다.

당시에는 "돈을 실거주에 깔고 앉지 말고 분산하라!"는 말을 믿었습니다. '다주택 시스템'을 만들어 전세금을 매년 올려 받아 현금 흐름을 만들라는 말과 '갭투자 10채까지는 경험'이라는 말을 믿었습니다. 이 방법이 얼마나 리스크가 큰지 전혀 생각하지도 않았고 '역전세'라는 건 상상조차 못했습니다. 투자를 시작한 이후 상승장만 경험했던 시기, 코로나19 팬데믹으로 엄청나게 풀린 유동성으로 머리부터 발끝까지 전국이 다 올랐던 시장, 사면 다 올랐던 그때는 '하락장'이 남의 이야기라고 생각했습니다. 내가 모든 지역을 다 알고 있으면 언제, 어느 시기나 저평가된 곳을 골라내서 살 수 있다고 믿었기에 전국을 열심히 돌아다녔습니다. 지역을 잘 알려면 내 발로 직접 걸어다녀봐야 한다고 배웠으므로 하루 5만 보는 기본이었고 비가 오나 눈이 오나 무더운 한여름에도 겨드랑이에 얼음물을 끼고 돌아다녔습니다.

## 왜 돌이 된 아이를 떼어놓고 지방 숙박 임장◆에 나섰을까?

저는 당시 돌이 된 아기가 있었고 생후 6개월부터 복직하여 일했던 워킹맘이었어요. 엄마의 손이 가장 필요했던 시기에 육아는 배우자와 친정엄마에게 맡기고 임장을 나

---

◆ **임장(臨場)**: 현장에 임하는 것. 부동산에서 실제로 현장에 가서 발품을 팔며 현장을 조사하는 것

갔습니다. 잘 때도 엄마를 찾지 않고 아빠와 자는 아이의 모습을 보면서 잘 '위임'했다며 스스로 뿌듯해했던 제가 지금은 너무 부끄럽습니다.

2020년 8월, 평일 연차 3일을 쓰고 지방 숙박 임장을 계획했는데, 출발하기 전에 17개월 된 아이가 돌 치레하듯이 아프기 시작했습니다. 이렇게 아이가 아프면 임장을 모두 취소해야 하지만, 뒤처지기 싫은 마음에 아픈 아이를 두고 무작정 길을 떠났습니다. 모든 임장을 마치고 집에 올라오는 길에 아이가 엄마를 엄청 많이 찾았다는 친정엄마의 전화를 받았고 평소에 화를 잘 안 내던 남편이 "네 마음대로 해라!"고 소리치면서 크게 화를 냈습니다. 그 당시에 저는 가족의 반응이 너무 속상하기만 했습니다.

'내가 나 혼자만 잘 살려고 하는 게 아닌데, 왜 날 이해해 주지 않는 걸까? 왜 날 응원해 주지 않는 걸까?'

이렇게 제 생각만 했습니다. 저는 저의 감정, 저의 기분만 중요했습니다. 그만큼 저는 이기적이었어요. 엄마의 빈자리가 유달리 더 컸던 아이, 그때의 제 행동과 감정을 떠올리면 가슴이 찢어집니다.

## 손에 쥔 현금 4억으로
## 지방 아파트만 7채 연속 매수!

"부동산은 사람!"이라며 외치고 다녔는데, 정작 데이터와 숫자만 보았습니다. '저평가'에 대해 이야기하면서 부동산을 '숫자'로만 판단했습니다. 사람의 본질적인 욕망뿐만 아니라 '수요'를 무시한 채 오로지 '가격'만 생각했습니다. 사기만 하면 오르던 2021년, 육아 도움을 받기 위해 친정 옆으로 이사를 계획하면서 자연스럽게 제 집은 전세를 주고 저의 가족은 월세살이를 하게 되었습니다. 당시 제 집은 전세를 최고가로 맞추면서 손에 무려 '4억 원'이나 현금을 쥘 수 있었어요.

"돈 있으면 사고 친다."는 말처럼 2021년에 저는 이 돈으로 겁 없이 지방 아파트를 갭투자로 '5채'나 사고야 말았습니다. 취득세 회피를 위한 공시지가 1억 원 이하, 주인 전세(점유개정), 잔금부터 치르고 공실 만들어 인테리어 등 남의 돈으로 '쉬운 투자'만 반복했습니다. 수요가 많은 좋은 곳들은 이미 올라서 비쌌고 아직 덜 오른 곳들 중 높은 취득세를 내면서 매매 대비 전세 갭이 적은 곳들 위주로 살 수밖에 없었습니다(갭 500만 원, 갭 700만 원 등). 시간이 지나면 투자금을 모두 회수할 수 있을 거라고 믿었어요. 주택 취득세율이 12%여서 취득세만 1채당 4,000만 원을 납부했지만, 그 이상 오를 거라고 생각했습니다. 제가 산 물건들은 모두 '저평가'된 거니까 조금만 더 기다리면 제 가치를 찾을 거라고 믿었습니다.

하지만 2022년 금리가 미친 듯이 올라가면서 전국에서 불탔던 부동산 시장이 모두 하락했습니다. 전세가가 매매가를 끌어내렸고 전세가를 많이 올려 받았던 곳은 더 많이 역전세가 났습니다. 2021년에 5채를 연이어 사면서 동시에 여러 채의 잔금을 치렀으니 자연스럽게 역전세도 월마다 예정된 수순이었습니다.

'전세 만기는 돌아오는데 세입자가 나간다고 하면 어떡하지.' (공실)
'보증금을 감액해달라고 하면 어떡하지.' (역전세)
'뭐라고 변명해야 할까?'
'뭐라고 감정에 호소해야 할까?'
'어떻게 해야 잘 넘어갈 수 있을까?'

이렇게 매일 고민했고 불안함에 잠을 못 이루었습니다. 그래서 결국 제가 가지고 있던 8채의 아파트 중에서 가장 지키고 싶은 물건부터 역전세를 막기 시작했습니다. 하지만 절대 팔면 안

**연이어 매수했던 지방 아파트, 역전세 연속!**

되는 물건도 지킬 수 없겠다는 위기감이 들었습니다.

## 집 10채로 수익을 내도
## 집 1채로 망한다?

2021년 4억 원이라는 투자금을 손에 쥐게 해 주었던 서울 아파트는 2022년에 결국 역전세 '2억 원'이 나고야 말았습니다. 다행히 2021년에 받은 돈 중 절반은 남겨둔 상태였기에 전세금을 돌려줄 수 있었습니다. 만약 그때 받았던 돈을 모두 써버렸다면? 정말 끔찍했을 겁니다.

'지방의 못난이들을 팔아야 현금이 생기는데, 팔리지도 않아서 역전세를 도저히 감당할 수 없었다면? 그나마 수요가 높은 서울의 이 아파트를 울며 겨자 먹기로 팔아야만 하지 않았을까?'

상상만 해도 너무 무섭습니다. 이때 '집 10채로 수익을 내도 집 1채로 망할 수 있다!'라는 말이 무슨 의미인지 알았습니다. 제가 보유했던 8채의 집 중 7채가 수도권이 아닌 '지방' 아파트면서 깡통 전세였고 7채 모두 역전세 확정! 제가 산 가격보다 전세가가 높고 매매가는 더 많이 떨어진 정말 최악의 상황이었습니다. 팔려고 내놔도 수요가 부족해 아무도 보러 오지 않았습니다.

부동산이 얼마나 환금성이 떨어지는지 그때 알았습니다. 사기는 쉽지만 팔기는 너무 어렵다는 것도 알았습니다. 제가 원하는 시기와 원하는 가격에 집을 파는 건 정말 신의 영역이라는 생각이 들었습니다. 이게 현실인데 저는 왜 지방에서 '사고 팔고 사고 팔고'로 돈을 쉽게 벌어 서울의 좋은 아파트를 사겠다고 생각했을까요? 제가 얼마나 부동산을 '쉽고 단순하게' 여겼는지, 제가 얼마나 오만했는지 하락장을 온몸으로 경험하고서야 절실히 알았습니다.

## 부동산은 '데이터'가 아닌 사람의 '욕망'으로 움직인다!

과거에 열심히 썼던 보고서를 다시 한번 살펴보니 각종 그래프와 보고서에 써놓은 저의 생각이 모두 맞지 않는다는 것을 인정하게 되었습니다. '부동산'이라는 재화는 단순히 몇 개의 데이터가 아닌 수많은 요소와 거시 경제, 입주 물량뿐만 아니라 사람들의 욕망과 감정이 모두 복합적으로 영향을 끼치므로 절대 예측할 수 없는 것이었습니다.

2023년 4월, 4년 만에 부동산 재테크 전문가 쏘쿨 님의 강의를 다시 듣게 되었습니다. 벚꽃이 만개했던 그날, 강의를 듣고 집으로 돌아오는 길에 환하게 웃으며 벚나무 아래에서 뛰어놀고 있는 아이들과 행복해 보이는 사람들의 얼굴을 보고 펑펑 울었습니다. '4년 동안 나는 도대체 무슨 짓을 한 거지?' 이런 생각이 들면서 저의 이기심으로 가족을 내팽개치고 뭐가 중요한지 모르고 그 긴 시간을 날려버렸다는 허무함과 미안함, 그리고 모든 것을 다 지우고 다시 시작하고 싶다는 마음 등 수많은 생각과 감정으로 머리가 아팠습니다. 누구보다 열심히 노력했지만 방향을 잘못 잡아서 날려버린 4년, 오히려 그것들이 지금 제가 할 수 있는 가장 좋은 선택을 방해하는 족쇄가 되어버린 현실, 눈을 감았다가 뜨면 다시 4년 전으로 되돌아가고만 싶었습니다. 하지만 빠르게 인정했습니다. 이 길이 아님을, 제가 잘못된 산을 올라왔음을, 그리고 다시 내려가서 올바른 산을 올라가야만 한다고 결정하고 바로 실행에 옮겼습니다. 이렇게 지방 아파트 7채를 모두 매도하고 제 가족을 위한 실거주 갈아타기를 향해 긴 여정을 시작했습니다.

## 지방 아파트를 팔고
## 강남 3구에 내집마련하기까지!

처음에는 어떻게 이 많은 아파트를 모두 매도해야 하나 너무 막막했습니다. 매도가 처음이었는데, 부동산 시장은 차가웠고 거래도 잘 되지 않던 때였습니다. 설상가상으로 보유하고 있던 물건들은 대부분 상품성(연식)이 떨어지는 구축 물건이어서 '팔 수 있을까?'라는 생각도 들었어요. 제가 아닌 다른 사람(세입자)이 살고 있던 집, 대부분 계약 기간이 1년 이상 남아있던 집들이었습니다. 하지만 이들 집을 팔아서 묶인 돈을 회수해야만 갈아타기를 할 수 있었습니다. 그래서 결국 인강남 내집마련 강의를 들으면서 알게 된 강사님과 동료들의 조언을 얻어 할 수 있는 건 모두 했습니다.

잘 부탁한다면서, 집 좀 잘 보여달라면서 임차인에게 한우, 과일세트, 커피쿠폰 등 수많은 선물을 보냈어요. 투자 수요가 없는 지역이라 가급적 입주 물건으로 만들어 실수요자에게 팔기 위해 임차인을 끊임없이 설득하는 등 열심히 노력했습니다.

임차인에게 집을 잘 보여달라고 부탁하면서 보낸 한우세트

임차인이나 부동산 사장님과 통화할 때도 멘트 하나하나 조심스럽게 말했고 항상 저보다 상대방(임차인, 매수자, 중개인)이 원하는 게 무엇일지 고민하고 맞추려고 했습니다.

저의 이런 노력이 통했는지 2023년 4월부터 7월까지 3개월 만에 8채 중 1채는 거주하던 임차인에게, 2채는 투자자에게, 5채는 실수

**3개월 만에 8채를 모두 매도하고 신고한 양도소득세 내역**

요자에게 모두 매도할 수 있었습니다.

이렇게 8채의 집을 매도하면서 묶인 돈을 회수하느라 2023년 봄, 그 좋은 매수 시기를 놓쳤습니다. 가격이 싸다는 것을 알고 있었지만, 발이 다 묶여서 어쩔 수가 없었습니다. 지방 아파트를 정리하느라 그 좋은 시절을 다 보내고 결국 강남 3구 아파트는 2억 원 이상의 지각비를 내면서 매수할 수밖에 없었습니다.

**공동명의 부부 합산 양도소득세 신고 금액만 −2.5억 발생!**

저의 투기 때문에 발생한 확정 손실 3억 원(다주택자 취등록세 중과 비용 12.4%, 인테리어비 등까지 포함)과 지각비 2억 원, 이렇게 총 5억 원의 추가 비용이 발생했어요. 이러한 경험을 통해 방향이 잘못되면 얼마나 큰 손실을 초래하는지 숫자로 직접 알 수 있었습니다. 게다가 4년 동안 날려버린 제 시간과 가족의 희생은 돈으로 환산할 수조차 없었습니다.

### 교환 가치가 빛을 발하다!
### 3억 손실과 맞바꾼 가족의 행복

이렇게 손실이 커도 제가 과감하게 행동했던 이유는 인강남 내집마련 강의에서 들었던 '교환 가치'를 믿었기 때문입니다. 빠르게 정리하고 갈아탔기에 13년 동안 염원했던 단지에 들어올 수 있었습니다. 살아보니 손절과 맞바꾼 실거주의 안정감이 굉장히 큽니다. 무엇보다도 같은 단지 안에 거주하는 사람들(놀이터에 가면 만나는 딸 또래의 수많은 착한 아이와 예의 바르고 친절한 이웃 주민들)과 남부럽지 않은 주변 인프라는 정말 좋습니다.

무엇보다 아이가 가장 많이 변했습니다. 전에 살았던 금천구는 집 밖에 나가면 놀 만한 곳이 부족해서 차를 타고 놀러 나가야만 했습니다. 그래서 주로 부모가 많이 가는 마트 등에 자주 갔는데, 나중

주변에 놀 곳이 많아 외향적이고 사교성이 뛰어난 아이로 폭풍 성장중인 딸

에는 아이가 재미없고 지겨워했습니다. 밖에 나가자고 하면 안 나간 다고 하면서 집에서만 놀고 싶어 하던 아이였습니다. 하지만 잠실로 이사 오니 주변에 아이와 놀 만한 곳이 정말 많습니다. 단지 안에만 놀이터가 10곳 이상 있고, 놀이터에는 항상 친구들이 많이 있으며, 올림픽공원도 가까워서 날씨 좋은 날에는 틈만 나면 피크닉을 갑니다. 잠실로 이사 온 후 아이에게 밖에 놀러 나가자고 하면 처음에는 이전에 재미없던 기억 때문에 안 나간다고 했어요. 하지만 자꾸 나가서 놀다 보니 재미있어서 이제는 아이가 매일 나가서 놀자고 조르기도 합니다. 수줍음 많고 내향적이었던 아이의 성격도 사교성이 뛰어나고 외향적인 아이로 바뀌기까지 했어요. 주변에 있는 착한 아이들의 영향을 받아 아이도 예쁜 말, 좋은 말만 하는 모습을 보면 부모로서 흐뭇하기까지 합니다. 이러한 아이의 변화를 통해 주변 환경이 얼마나 중요한지 몸소 느끼고 있습니다.

저는 좋은 곳에서 실거주하며 이렇게 편리하고 훌륭한 강남 인프라를 모두 누리고 아이와 보내는 시간이 많아지면서 인생에서 가장 큰 행복을 느끼고 있습니다. 남편과 아이 모두 "좀 더 빨리 왔으면 좋았겠다!"고 이야기합니다. 생각해 보면 이곳은 2019년에 처음 부동산 재테크 강의를 들었을 때부터 저의 목표였습니다. 왜 이렇게 어렵게 이 길을 돌아왔는지, 2019년에 강의를 더욱 잘 들었다면 좀 더 빠르고 쉽게 올 수 있었을 텐데 말입니다. 제가 여전히 올바른 방향성을 잡지 못해 계속 망설이며 행동하지 않았다면 이렇게 좋은 환경에서 살 수 없었을 거예요. 그래서 저는 저의 인생이, 제 가족의 인생이 바뀔 수 있도록 방향성을 제대로 잡을 수 있었던 부동산 재테크 쏘쿨 님의 강의가 너무 고맙습니다. 지금 이 집은 저의 종착지가 아닙니다. 앞으로 저의 남은 인생은 길기에 더 높은 목표를 향해, 더 큰 태양을 품기 위해 계속 나아갈 예정입니다.

## 02

# 평촌 → 잠실 입성!
# 밑바닥부터 시작해
# 강남 3구에 내집마련 성공!

— 다이아 & 부주사 님 —

∴ 다이아 & 뷰조사님 ∴

## 양가 부모님 도움 없이 잠실 입성!
## 이렇게 이뤄낸 내 가족의 안정과 행복

아직도 믿기지 않지만, 우리 부부는 양가 부모님의 도움 없이 평촌에서 분당으로, 분당에서 잠실로 차근차근 큰 태양 마련에 성공했습니다. 우리 부부가 평촌에 첫 내 집을 마련했을 때 잠실은 절대 꿈도 꿀 수 없는 곳이라고 생각했어요. 하지만 올바른 방향을 설정하고 달려오다 보니 부동산 갈아타기를 통해 우리 세 가족이 결국 잠실까지 오게 되었습니다. 집값의 60%를 대출받아 처음 내집마련했던 평촌부터 분당을 거쳐 잠실까지, 매달 우리 부부의 통장에서 빠져나가는 대출 원리금은 단 하루도 줄어든 적이 없지만, 우리는 불안하지 않습니다. 오히려 '지금 우리 부부가 이루어내지 못한다면 30년 후 내 딸에게 더 큰 부담과 어려운 선택의 고통을 줄 수 있었겠구나!' 하는 생각이 듭니다. 우리 부부의 젊음이 딸에게 커다란 자양분이 되어 항상 꿈꾸던 좋은 환경을 물려줄 수 있어서 정말 다행이라는 안도감까지 들기도 합니다.

## 백화점 명품관을 드나들며
## 절약과 저축 개념이 없던 다이아

2019년 4월, 저는 태어나서 처음으로 부동산 강의를 들었습니다. 저는 재테크의 '재'도 모르는 바보였고 아무 관심도 없었습니다. 또한 저는 우리나라 사회가 시키는 수동적인 교육 과정 그대로 '초중고 졸업 → 대학교 졸업 → 취업'의 루트를 따르면서 돈과 노후에 대해 고민해 본 적이 없었고 그럴 필요성도 느끼지 못했습니다. 이렇게 직장 생활을 하면서 평범하게 남들 사는 것처럼 살면 더 이상의 고민은 없겠다고 생각했습니다. 남들이 하는 건 다 해야 직성이 풀리는 성격이기에 인스타그램과 같은 SNS도 열심히 했고 그만큼 남에게 보여지는 것을 중요하게 생각했습니다.

사실 저는 매주 백화점 명품관을 다니던 명품족이었습니다. 제 삶이 얼마나 멋진지 남들에게 보여주기 위해서 매주 강남 신세계백

**버는 돈보다 나가는 돈이 더 많았던 시절**

화젬을 들락거렸고 버는 돈보다 명품을 사는 데 더 많은 돈을 쓰기 시작했습니다. 샤*, 루이비*, 까르띠*, 프라*, 입생로* 등 제 인스타는 유명한 명품으로 가득 찼습니다. 아마 저만큼 명품에 진심인 사람도 없었을 겁니다. 그때는 지나가는 사람이 입은 옷, 신발, 가방, 시계, 액세서리만 봐도 그 제품이 어느 브랜드인지, 언제 나온 것인지 꿰고 있을 정도로 명품에 미쳐 있었습니다. 겉멋만 잔뜩 들었던 겁니다. 주말 데이트만 하는데도 그 당시 남자친구였던 부주사 님의 카드값이 한 달에 300~400만 원씩 나왔으니 말 다했죠. 그때는 주변이나 SNS 속에서 다들 명품을 걸치고 사니까 그렇게 살아야만 멋지고 남들이 부러워하는 인생이라고 생각했습니다. 금수저냐고요? 전혀 아닙니다. 유복하게 살다가 제가 취업하고 나서 얼마 지나지 않아 집안이 쫄딱 망해서 엄마와 여동생은 모두 무주택자에 1억 원대 빌라에 전세로 살고 있었습니다. 그럼에도 불구하고 남들에게 보여지는 인생을 중요하게 생각하면서 '한 번 사는 인생인데 이렇게 살아야지!'라는 생각으로 돈을 펑펑 써대는 답 없는 인생을 살던 중이었습니다. 그때의 저는 '아직' 젊기에 매달 들어오는 월급이 평생 지속될 것이라고 착각하면서 살았습니다.

그렇게 남들에게 보여주기식 인생을 살던 중 지금의 남편 부주사 님을 만나고 결혼을 생각하게 되었습니다. 결혼할 생각을 하니 남들에게 있어 보이게끔 신축 아파트를 마련하려고 했습니다. SNS에 올려 자랑해야 하니까요. 저희의 직장인 경기도 안양시에 있는 새 아파트 모델하우스를 보러 갔습니다. 저와 남편 모두 맞벌이니까 '남들처럼 이 정도는 살 수 있지 않을까?'라고 안일하게 생각했어요. 기분 좋게 모델하우스에서 집을 보고 예비 남편인 부주사 님과 저의 월급, 그리고 지금의 생활비를 계산해 보았습니다. 한 달 생활비, 원리금, 품위 유지 비용 등을 넣고 계산해 보니 우리가 보고 온 모델하우스 속 아파트는 도저히 저희가 살 수 없는 금액이라는 것을 알게 되었습니다.

불현듯 머릿속에서 '그럼 우리 생활은 가능한가?'라는 생각이 들어 계산기를 두드려보니 둘이 계속 이대로 살면 답이 없겠다는 것을 깨달았습니다. 그때 처음으로 큰 충격을 받았고 눈앞이 캄캄했습니다. 맞벌이를 하면서 남들 다 가는 몇 번의 해외여행뿐만 아니라 종종 구매하는 명품, 비싼 옷, 분위기 좋은 레스토랑을 즐기며 직장 근처 새 아파트에서 여유로운 삶을 살 줄 알았거든요. 그런데 실제로 계산해 보니 그런 삶은 절대 불가능한 것이더라고요. 참 암울하고 슬펐습니다. '이전처럼 우리 집이 여유롭고 풍족했다면 좋았을 텐데, 내가 어쩌다가 이렇게 되었나?'와 같은 한탄도 하게 되고 전 재산을 다 잃은 부모님도 원망했습니다. 그때 처음으로 '집'이라는 것에 대해 진지하게 고민하게 되었어요. 주위에 비슷한 고민을 하고 있는 부주사 님의 초등학교 친구가 예비 남편의 내집마련 고민을 들어주다가 강남역에서 유명한 내집마련 강사분의 수업을 추천해 주었습니다.

### 다이아와 정반대의 삶을
### 살아온 부주사 님

남편 부주사 님은 어렸을 때 서울에서 태어났지만, 태어난 지 얼마 안 되어 부천으로 이사를 갔다고 합니다. 부천에서는 가게 단칸방에서 온 가족이 살았다고 해요. 연탄보일러를 쓰고 화장실은 외부에 따로 있는 공용 화장실이어서 한겨울 밤에는 화장실에 정말 가기 싫었다고 하더라고요. 이런 단칸방에서 부주사 님의 여동생까지 네 식구가 유년 시절을 보냈다고 합니다. 부주사 님은 이 집뿐만 아니라 엘리베이터가 없는 5층짜리 아파트와 차가 지나가면 천장 콘크리트 가루가 떨어지면서 흔들리는 집 등 거주 환경이 열악한 곳에서 어린 시절을 보냈다고 합니다.

거주 환경이 열악한 집에서 많은 시간을 보낸 부주사 님(어린 시절 사진)

그래서 그런지 부주사 님은 엄청 근검절약하는 사람이었고 대학교를 졸업하고 취업할 때 최우선 순위가 '돈'이었다고 합니다. '돈'만 많이 주면 지역과 근무 여건은 크게 상관없었다고 해요. 그만큼 돈이 절실한 사람이었죠. 4~5년 동안 1억 원을 모아서 결혼하는 게 목표였고 그 목표를 이루기 위해 본인에게는 한 달에 10만 원 정도만 썼으니 월급보다 더 많은 돈을 명품 구입에 쓰고 있는 제가 정말 이해가 안 갔을 겁니다. 시간이 지났으니 하는 말이지만 만약 제가 바뀌지 않았다면 부주사 님은 저랑 헤어졌을 거라고 하더라고요. 매일 강남 신세계백화점에 가서 새로 나온 명품을 구경하고 유명한 고급 레스토랑에 가서 맛있는 음식을 먹는 게 데이트 코스였으니 지금의 제가 과거의 저를 봐도 답이 없어서 눈앞이 캄캄해집니다.

이렇게 열심히 살아가던 부주사 님도 원래는 1억 원을 모아서 전셋집부터 시작하는 게 목표였다고 해요. 주변 친구들이 다들 그렇게 시작했으니까 대출받아서 아파트를 매수할 생각을 전혀 하지 못했다고 하더라고요. 부동산은 큰돈이 있어야 매수할 수 있고 IMF 시기를 힘들게 보내신 부모님 때문에 대출은 무서운 것이라고 생각했다고 합니다. 그러던 중 부주사 님의 친구가 내집마련에 대한 강의를 추천해 주면서 우리 부부의 인생에 큰 변화가 찾아오기 시작했습니다.

### 우리 형편에 새 아파트는 불가능?
### 난생 처음 부동산 공부를 시작하다

부주사 님의 친구가 추천해 준 내집마련 첫 강의를 듣고 한동안 잠을 못 이룰 만큼 큰 충격을 받았습니다. 그냥 강남역에서 유명한 분의 강의라고 해서 좋은 지역을 콕 찍어주는 줄 알고 가벼운 마음으로 수업을 들으러 갔어요. 하지만 강의를 듣고난 후 '내 집', 그리고 '내 가족의 보금자리', 더 나아가

'내 인생의 가치관'까지 다시 돌아보게 되었습니다.

　내집마련 강의를 통해 TV나 드라마에 나오는 과장된 진실이 실제로는 제가 외면하고 있던 불편한 진실이라는 것을 알게 되었습니다. 그리고 그 진실을 솔직하게 마주하기가 어려워 며칠 동안 잠을 설치며 힘들었어요. 외면하고 싶었지만 마치 영화 '매트릭스(The Matrix)'에서 진실을 알게 하는 빨간약을 먹은 것처럼 다시 되돌릴 수도 없었고 무척 고통스러웠습니다. 그렇게 결국 불편한 진실을 마주해야 했고 고통스럽고 힘들었지만 원래 제가 가지고 있던 생각이 잘못되었음을 솔직하게 인정해야만 했습니다. 특히 제가 인생을 바라보는 관점을 통째로 바꿔버린 그 한마디는 아직도 생생합니다. 내집마련 강의 중 폐지를 줍는 할머님의 영상을 보고 난 직후였습니다.

　"다이아 님이 지금 저 폐지를 줍다가 요구르트 하나 먹고 피곤해서 잠깐 졸았는데, 그게 지금 이 순간이라고 생각해 보세요. 폐지를 주우며 힘들게 보낸 모든 시간이 꿈이었고 지금 이 자리에 있다면 그래도 지금처럼 살 거예요?"

자료 출처: KBS 유튜브 – '다큐 3일'

그 순간 제 인생은 통째로 바뀌기 시작했습니다. 신용카드를 자르고 절약과 소비를 실천하면서 바득바득 공부했습니다. 그리고 남편과 주말도 없이 매주 임장을 다니기 시작했습니다. 주변에서 다들 여름휴가 여행을 갈 때도 지독하게 임장을 다녔어요. 저는 아직도 그때 사진만 보면 뭉클합니다. 정말 덥고 힘들어서 바닥에 털썩 주저앉았던 피곤함과 간절함이 생생하게 기억나서요.

**저축을 통해 노력하던 시절(카드 자르기, 다이소 월 달력을 활용해 현금 사용하기)**

그러던 중 여름 임장 때부터 매일 들락거리면서 단팥빵이나 롤케이크를 드리며 돈독한 사이를 유지했던 평촌 타깃 단지의 부동산 사장님께서 연락을 주셨습니다. '네이버 부동산'에 올라와 있지 않은 매물이고 이미 투자자가 매수하기로 하여 매수 가계약금은 부동산 사장님께 입금되었지만, 그 투자자분이 마음을 정하지 못하고 흐지부지하고 있어서 열심히 사는 새댁이 생각났다며 연락을 주셨습니다. 해당 매물의 객관적인 가격을 확인해 보기 위해 '네이버 부동산'에서 확인해 보니 다른 매물은 도로와 가깝고 수리도 안 되었는데 5,000만 원이나 비싼 가격이었습니다. 그런데 사장님이 전화 주신 물건은 섀시까지 다 수리되어 있는 로얄동 로얄층 매물이었습니다. 여름 내내 임장한 지역이기에 사장님이 전화 주신 그 매물이 입지가 떨어지는 주변 단지보다 훨씬 싸다는 것을 확신할 수 있었습니다. 그러면서 "새댁, 혹시 바로 올 수 있어요?"라고 물으신 사장님의 말씀을 듣자마자 바로 물건이 있는 부동산으로 출발하여 물건을 보고 생애 첫 부동산을 싼 가격에 매수할 수 있었습니다.

그날은 크리스마스 이브였습니다. 둘 다 하루 종일 밥도 못 먹은 상태로 태어나 처음 부동산 매수까지 하고 오니 정신도 없고 온몸에 힘이 빠져서 얼떨떨했습니다. 길었던 계약이 끝나고 부주사 님과 함께 떡볶이집에서 뭉클한 가슴을 부여잡고 눈물을 훔쳤습니다. 그날의 결정이 아니었다면 저의 인생은 조금 느리게 흘러갔을 수도 있겠다는 생각이 드네요.

부린이 시절, 남편 부주사 님과 함께 임장을 다니던 여름

**첫 번째 내 집은 유리천장 안쪽의 쉬운 선택지,
두 번째 내 집은 똑같은 실수를 반복할 수 없다!
시세지도◆ 들고 꼼꼼히 임장 시작!**

그렇게 첫 번째 내 집을 마련했지만 입주하지 못하고 세입자를 받아 전세를 맞추었습니다. 돈이 없어서 당장 입주할 수 없었기 때문입니다. 2년 동안 죽기 살기로 모아서 꼭 입주하리라 이를 갈며 예쁘게 꾸민 신혼집 대신 9평짜리 회사 기숙사를 선택했습니다. 2년 동안 9평 남짓한 회사 기숙사에 살면서 돈을 더 모으고 부동산 공부를 더 할 생각이었습니다.

부동산에서는 필수인 대출을 공부하다 보니 첫 번째 내집마련이 쉬운 선택이었다는 것을 깨닫게 되었습니다. 저와 남편의 직장인 경기도 안양시라는 지역을 정해놓고 우리 부부의 월급으로 하고 싶은 거 하고 사고 싶은 거 좀 사면서 적당히 감당할 수 있는 수준의 집이었으니까요. 그냥 내 집에 입주를 안 하고 세입자를 받아 전세를 주면서 저와 남편이 지출하지 않는 원리금을 모을 생각만 했지, 그 돈을 발판 삼아 대출을 일으켜 총력을 다해 집을 사겠다는 생각은 해보지 못했습니다. 대출 공부를 제대로 안 했기 때문이었죠. 이런 것들을 알고 나니 후회가 되었습니다. 다음에는 이 집처럼 쉬운 선택

---

◆ **시세지도**: 가격을 알고 싶은 지역을 각 평형별 또는 아파트별로 나누어 매매 가격과 전세 가격을 기재하고 이를 통해 시세를 파악하기 위해 그리는 지도

**연봉의 93%를 저축하면서 돈을 모아 입주한 평촌 신혼집**

을 하지 않겠다는 마음으로 모아두었던 돈과 마이너스 통장으로 총력을 다해 자금을 확보했습니다.

이렇게 총력 자금을 계산한 후 다시 한번 더 갈아타기를 준비했어요. 첫 집을 매수할 때처럼 열심히, 그리고 치열하게 임장했습니다. 서울을 비롯하여 수도권 지역별로 예산에 맞는 집을 싹 다 뒤지고 그보다 상급지인 곳과 하급지인 곳을 비교하며 임장했습니다. 평일과 주말 할 것 없이 남편과 함께 저녁에도 가서 주변 분위기를 둘러보았고, 산처럼 높은 지역인 관악구도 다녔으며, 기본적으로 언덕이 많은 동작구도 가보면서 지역을 비교 평가했습니다. 이렇게 비교 평가를 하다 보니 비슷한 가격대의 매수 분위기가 눌려있는 분당을 발견하게 되어 그 지역의 시세지도를 세세하게 그렸습니다.

열심히 그린 시세지도를 분석한 결과, 과거의 가격이라면 절대 우리가 매수할 수 없었지만, 지금은 우리가 가진 현금과 대출을 끌어 매수할 수 있는 지역의 단지가 2개나 나왔습니다. 바로 주말에 시부모님과 약속을 잡고 그 지역을 함께 임장을 하니 우리 부부 둘이서 임장할 때와는 사뭇 시선이 다른 것을 느꼈습니다. 우리 부부가 처음 매수하려는 단지는 교통 호재가 있을 것 같은 A 단지였는데, A 단지 주변 분위기가 뭔가 스산하고 지대가 조금 높았습니다. 그런데 A 단지를 둘러보고 시부모님과 함께 B 단지로 넘어가 주변을 둘러보는데, 시어머님께서 B 단지는 평지에 분위기도 따뜻하고 정이 있는 사람 사는 냄새가 난다고 말씀해 주셨습니다. 사실 저와 남편은 공대생 출신이라 지역의 분위기보다는 엑셀 데이터를 분석하면서 오를지, 떨어질지 위주로만 계산했습니다. 시어머님께서 말씀해 주신 따뜻한 온정이나 동네 분위기 같은 건 볼 생각도 못했어요. 그렇게 시부모님과 함께 임장을 다녀와서 목표 단지를 B 단지로 정하고 바로 매수 작업을 시작했습니다.

이 집은 세입자가 살고 계셨고 주인분이신 할머님은 강남에 집이 몇 채 더 있는 다주택자셔서 6월 전에 빨리 정리하고 싶어 하셨습니다(2020년 6월 17일에 부동산 대책이 나온다고 공표한 하루 전, 다주택자 양도세 중과 배제 기간). 집을 본 후 조금이라도 깎아보자는 심정으로 500만 원부터 부동산 사장님께 전화로 네고를 부탁드렸어요. 400만 원, 300

만 원, 그러다가 50만 원까지 말씀드렸는데도 집주인 할머니의 대답은 "NO!" 무조건 안 된다고만 말씀하셨습니다. 그렇게 계속 깎아달라고 부탁드렸고 "NO!"라는 통화 내용이 반복되며 시간이 흘렀어요. 부동산 사장님은 끝까지 열심히 하는 우리가 딱해 보였는지 집주인 할머니를 직접 불러주겠다고 하셨습니다. 자기가 말해서는 절대 안 된다고 하시면서 상황을 만들어줄 테니 직접 이야기해 보라고요. 그 순간 '그래! 배운 거 제대로 써먹어보자!'라는 마음이 들면서 설렘과 두려움이 공존하며 가슴이 두근거렸습니다. 그렇게 집주인 할머니가 오시고 우리는 계속 사정사정했습니다. 처음에 500만 원부터 말씀드렸으나 절대 네고 불가! 400, 300, ……, 이렇게 2시간이 넘게 가격 네고를 하고 있었어요. 계속되는 우리의 사정에 집주인 할머니의 표정과 분위기를 보니 100만 원 단위로는 깎아주실 것 같았습니다. '오~ 이제 될 것 같아!'라고 안심하던 중 갑자기 집주인 할머니의 따님 세 분이 부동산에 찾아오셨습니다. "엄마, 이 집을 나랑 상의도 없이 왜 팔아?"라고 차갑게 말하면서 겨우 부드럽게 풀어가던 분위기가 다시 무거워졌습니다. 그렇게 절망하고 있을 때 임장하면서 자주 들르던 부동산 바로 옆에 있는 떡집의 50대 여자 사장님이 오셨어요. "아이고, 나 젊을 때도 정말 돈 없고 가난했어. 내 옛날 생각이 나네. 사모님, 조금만 깎아주셔. 열심히 사는 젊은 부부인데 안 됐잖아요! 내가 우리 떡집 올 때마다 서비스 많이 줄게."라며 넉살 좋게 이야기해 주셨습니다. 집주인 할머님께서는 그 말을 듣고 무려 200만 원을 깎아주셨습니다. 그렇게 어느덧 시간이 흘러 밤 11시 45분이 되었고 드디어 계약이 성사되었습니다.

그날은 6·17 부동산 대책 하루 전날로, 밤 12시 전에 계약금이 들어가야 대책을 피할 수 있다는 법무사 님의 조언에 따라 그 자리에서 바로 계약했습니다. 계약 중 집주인 할머님의 따님이 한 번 더 "이 좋은 집을 왜 팔아? 왜 깎아줘?"라고 말씀하셔서 분위기가 다시 차가워졌지만, 집주인 할머님은 "내가 그렇게 너희한테 이 집을 관리하라고 했더니 말도 안 듣고 이제 와서 왜 파냐니!"라며 버럭 화를 내셨습니다. 무거운 분위기를 깨기 위해 "저희가 정말 정말 돈이 없는데, 이렇게 과분한 집을 주셔서 정말 감사합니다!"라고 감사 인사를 드리면서 분위기는 부드럽게 마무리가 되었습니다. 계약을 모두 끝낸 후 강남 다주택자 집주인 할머님은 우리 부부의 미래가 너무 기대된다면서 나중에 멋진 곳에서 좋은 소식이 들릴 것 같다며 축하해 주셨습니다.

2019년에 구입한 첫 집은 쉬운 선택을 했지만, 두 번째 집은 달랐습니다. 총력을 기울여서 더 신중하게 제 가족이 평생 행복하게 살 수 있는 좋은 집을 매수했습니다. 그렇게 꿈만 같던 두 번째 내 집을 마련하고 행복하게 잘 살고 있었습니다.

## 강남 3구 도전!
## 아이가 생기니 모든 게 달라졌다

내 집에서 마음 편하게 지내다 보니 아이가 생겼습니다. 아이가 생기니 신기하게도 신혼부부일 때는 보이지 않던 것들이 보이기 시작했어요. 그러면서 아이가 최대한 어릴 때 더 좋은 곳의 환경을 물려주고 싶다는 생각이 머릿속을 떠나지 않았습니다. 그렇게 아이를 출산하고 5개월이 되었을 때 다시 한번 더 정신을 차리기 위해 이전에 들었던 인강남 내집마련 강의를 재수강하게 되었습니다. 강의를 다시 들으면서 강남 3구에 내 집을 마련하고야 말겠다는 열의가 활활 불타올랐고 마지막 강의가 끝나기도 전에 잠실로 갈아타기에 성공할 수 있었습니다.

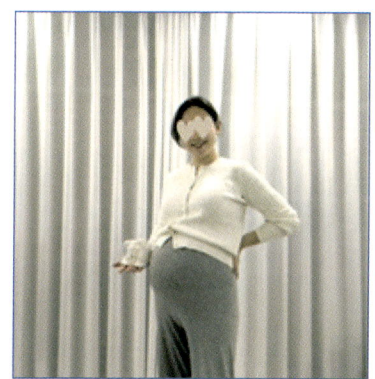 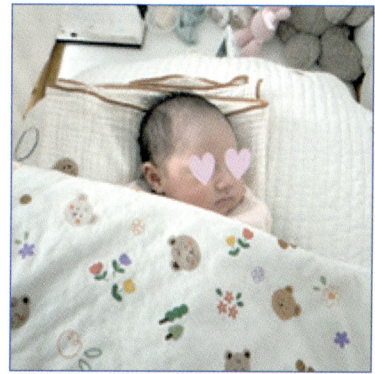

내집마련 후 생긴 아기! 더 좋은 환경을 물려주고 싶은 생각도 더욱 절실!

인강남 내집마련 강의 마지막 날, 강사님이 가장 좋아하는 영화라고 말씀하시면서 영상을 보여주셨습니다. 그 영상에서는 주인공이 수많은 고난과 역경, 방해꾼들의 공작을 버티면서 본인의 트라우마를 극복한 후 끝까지 포기하지 않고 진짜 진실을 보기 위해 끊임없이 도전했습니다. 저는 그 모습을 보면서 무척 울컥했습니다.

'2019년부터 부동산 공부를 시작했던 나와 내 가족에게 4년이라는 시간 동안 정말 말도 안 되는 큰 변화가 있었구나! 하나하나 목표를 이루어가기 위해서 힘든 시간을 견뎠구나!'
'남들처럼 양가 도움을 하나도 못 받았기에 나와 강남 3구는 참 먼 이야기라고 생각했는데, 어떻게 내가 강남 3구에 집을 매수할 수 있었을까?'

사실 아기가 5개월이기에 재수강을 하는 게 맞나 싶을 때도 많았어요. 그리고 '그때의 선택이 날 여기까지 이끌었나?' 등등 여러 생각이 머릿속에서 파노라마처럼 스쳐 지나갔습니다.

"저런 차를 타고 다니면서 어디 결혼은 제대로 하겠냐?"
"차 좀 바꿔라!"
"뭐 때문에 그렇게 악착같이 사냐? 어차피 사람 인생 안 변한다."

남편은 20년이 넘은 차를 타고 다닌다고 주변에서 많이 무시당했고 이런 말도 수없이 많이 들었습니다.

'남들은 다 시댁이나 친정에서 수천만 원이나 수억 원씩 턱턱 받아서 한 번에 강남 3구에 등기 치는데, 나는 뭐 하고 있나?'
'왜 우리 양가에서는 모두 도움을 못 주시는 걸까?'

이렇게 생각하면서 남들과 비교하고 억울할 때도 많았습니다. 하지만 올바르게 방향성을 설정하고 버티고 또 버티다 보니 아이에게 '강남 3구'라는 멋진 환경을 물려줄 수 있게 되었어요. 물론 우리가 했던 선택의 결과가 대부분 '운'이라는 것도 잘 압니다. 이러한 운도 열심히 인강남 내집마련 강의를 들으면서 함께 준비하는 환경에 있다 보니 가능했다는 생각이 듭니다.

회사 기숙사에 살며 공인중개사 공부를 하던 시간

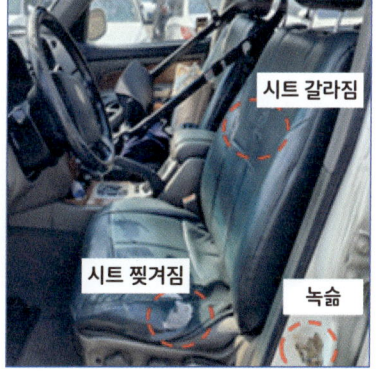
부주사 님의 20년 넘은 차

저는 강남 3구에 입성했지만, 저 문 너머에는 또 다른 문이 있을 것이라고 생각합니다. 더 높은 목표를 세우고 더 좋은 곳을 바라보면서 저희 부부가 함께 부딪히고 서로 타협해 나가며 또 다른 답을 찾아나갈 것입니다. 저와 같이 대기업이 아닌 평범한 회사원도 4년 만에 강남 3구에 입성했으니 여러분도 할 수 있다고 생각합니다. 제가 처음 평촌에 내집마련을 할 때만 해도 강남 3구는 정말 쳐다도 못 보는 곳, 꿈도 꾸기 힘든 곳이었는데, 이런 우리에게도 기회가 왔으니 말입니다. '나는 안 돼! 못 가!'라는 생각보다 '나는 갈 수 있다!'는 생각으로 올바른 방향성을 가지고 꾸준히 노력하다 보면 철옹성 같은 강남 3구의 집이 여러분의 가족을 기다리고 있을 것입니다.

**철옹성 같은 강남 3구에 등기 치고 입성 성공!**

2019년 제가 첫 집을 살 때도 모두가 너무 늦었다고 했습니다. 너무 늦었다고, 조금만 더 빨리 오지 그랬냐고.

모두가 안 된다고 했지만, 우리는 결코 포기하지 않았습니다. 우리 부부가 포기한다면 결국 제 아이에게 지금과 똑같은 환경을 물려줄 것이라고 생각했습니다. 그렇기에 제 아이를 위해서 절대 포기할 수 없었습니다. 그래서 결국 이렇게 이루어내었습니다.

여러분도 할 수 있습니다!
안 될 거라고 포기하지 마세요!
포기는 실패로 가는 가장 빠른 지름길일 뿐입니다.

# 03

## 수원 → 관악 → 잠실 입성!
## 한강공원 따릉이 타고
## 출퇴근!

잠실샘 & 잠실현 님

:: 점심샘 & 점심왕 님 ::

### 젊은 날, 길에서 버린 청춘의 시간

저는 경기도 수원에서 태어나고 자랐어요. 제가 원하는 회사에서 좋아하는 일을 하려면 서울로 출퇴근해야 했죠. 늘 반짝거리고 생동감 넘치는 서울 생활이 좋았습니다. 그렇게 매일 새벽 5시에 기상해서 광역버스를 타고 서울로 이동했어요. 회사와 집, 도어투도어로 편도 2시간, 왕복 총 4시간 동안 출퇴근을 하는 게 익숙했습니다. 그때는 이게 당연한 줄 알았어요. 칼퇴근 후 집에 도착하면 저녁 8시, 저녁 식사를 마치면 밤 9시가 되는데 밥을 먹으면서도 이게 저녁인지, 야식인지 모르겠더라고요. 하지만 친언니와 저는 오랜 기간 서울-수원 출퇴근에 익숙해졌습니다. 이 익숙함이 무섭다는 걸 깨달았어야 했는데, 그땐 다들 이렇게 사는 줄 알고 넘겼어요. 돌이켜보니 이렇게 길에서 보낸 20대의 시간이 너무 아깝습니다. 제가 출퇴근으로 보낸 시간을 대략 계산해보았더니 약 2,880시간, 약 120일. 매년 1년의 10% 정도의 시간을 출퇴근을 위해 사용했네요. 남들보다 1시간 30분이나 일찍 출근하니까 회사에서 저는 근면성실의 아이콘이 되어 있었습니다.

### 서울 입성! 관악구에 첫 집 마련!

연차가 쌓이고 돈을 불리기 위해 주식도 해 보고 보험과 지방 갭투자 등 할 수 있는 건 다 해 봤지만, 이것들은 '불안하다'는 공통점이 있었습니다.

'내 귀여운 월급을 날리면 어떡하지?'
'이렇게 먼 지방에 있는 집을 내가 관리할 수 있을까?'
'부동산 거래를 하다가 사기를 당하면 어떡하지?'

등등 너무 불안했어요. 그리고 무엇보다 이런 건 확신이 없는 투자라는 것을 깨닫게 되어 결국 '인서울 인강남 내집마련'을 선택하게 되었습니다. 그러던 중 강남역에 유명한 내집마련 강사님의 강의를 듣게 되었는데, 방향성이 참 좋았어요. 강의를 모두 듣고난 후 우상향이 확실한 부동산에 총력을 다해 투자해서 편안한 삶을 누리자고 결심했습니다. 이렇게 경기도민인 저는 서울에 내집마련을 결심하게 되었습니다.

저는 첫 신혼집을 관악구에 마련했는데, 경기도에서 출퇴근할 때보다 삶의 질이 훨씬 높아지더라고요. 줄어든 출퇴근 시간을 여가 시간으로 채웠더니 정말 신세계였어요. 이때부터 제 다이어리에는 퇴근 후 할 일이 가득 채워지기 시작했습니다. 여기서 잠깐! 제가 왜 관악구에 신혼집을 마련했냐고요? 내집마련 강의에서 들었던 '천사의 초록링' 때문입니다. 지하철 2호선 안에 있는 집을 알아보다가 찾아낸 지역이 관악구였어요. 관악구는 강남이 직장인 우리 부부에게 출퇴근 시간이 30~40분 정도 걸려서 직주근접이 되는 곳이었죠.

## 함께 봤던 강동구 아파트와 갭 차이가 크게 벌어지다

당시 함께 고민했던 지역은 강동구였는데, 같은 시기에 국평 기준으로 매수 가격을 비교했더니 5,000만 원 정도 더 비쌌습니다. 현장에서는 갭이 더 적은 매물도 확인할 수 있었어요. 하지만 대출이 무섭고 이자가 아까웠던 우리 부부는 조금이라도 더 저렴하고 디딤돌대출을 받을 수 있는 관악구 아파트를 매수했습니다. 하지만 1년 후에 어떤 일이 벌어졌을까요? 관악구 아파트는 1억 원이 상승했지만, 강동구 아파트는 약 2억 원이나 상승했습니다. 제가 매물을 알아보던 2019년 7월은 관악구보다 상급지인 강동구가 저평가된 시기였습니다. 좋은 매수 시기가 왔는데, 알아보지 못하고 보냈던 게 큰 아쉬움으로 남았어요. 부동산에 관심 없던 남편도 이 시기를 겪으면서 입지의 차이가 자산 증대에 큰 차이를 준다는 것을 깨닫게 되었습니다. 그 당시 5,000만 원이라면 직장인 신용대출로 충분히 충당할 수 있었는데도 우리 부부는 '쉬운 선택'을 한 것이죠. 관악구 집은 출퇴근 시간이 단축되어 처음에는 좋았지만 점점 단점이 보이기 시작했습니다.

'이렇게 더운데 언덕을 올라가야 하다니!'
'집이랑 지하철역이랑 가까우면 얼마나 좋을까?'
'이런 곳에서 유모차 끌면서 아이를 키우고 싶지 않아. 더 좋은 곳에 살고 싶어.'

그래서 결국 집을 갈아타기로 했습니다. 이렇게 '어려운 선택'을 위해 우선 관악구 집을 팔기로 결정했습니다. 어쩌다 팔이 부러져서 회사를 못 가는 날에도 부동산에 매도 전단지를 돌리러 다녔고 매수하고 싶은 동네로 임장을 나갔습니다.

## 첫 집 매도를 위해
## 부동산 사장님과 친해지기

아무리 연습해도 막상 부동산에 전화하고 대화하는 게 어려웠어요. 방문은커녕 전화하는 것도 어려워서 한참 고민하고 전화를 거는 날이 많았습니다. 막상 용기 내어 부동산에 전화를 걸어도 '어버버' 하기 일쑤였죠. 하지만 1년간 진행한 갈아타기 준비로 집을 매도할 때 즈음에는 일부 부족한 자금을 빌려주시겠다면서 도와주는 분들이 생길 정도로 친해졌습니다. 저처럼 부동산 사장님들과의 첫 만남과 커뮤니케이션을 어려워하시는 분들이 많을 거예요. 지금부터 제가 부동산 사장님들께 차근차근 다가갔던 방법을 알려드릴게요.

### ① 문자 보내기 – 먼저 연락하도록 유도하기 위해!

'네이버 부동산'에서 관심 있는 매물을 발견했을 때 관련 부동산 사무실에 전화하기가 망설여진다면 먼저 문자를 보내는 것도 좋습니다. 저는 문자를 기본 포맷으로 보내거나 내용을 추가해서 보내기도 했어요. 이 방법은 상대방(부동산 사장님)이 저에게 먼저 질문한다는 것이 좋았어요. 이렇게 질문의 루틴을 파악한 후 다음에 부동산에 전화할 때 활용하면 됩니다.

### ② 부동산 사장님의 사진 보기 – 긴장감을 풀기 위해!

소개팅도 사진을 보고 나가야 덜 긴장하듯이 부동산 사장님의 사진을 보면 조금이나마 긴장을 풀 수 있어요. 별것 아닌 거 같지만 의외로 도움이 많이 됩니다. '네이버 부동산'에서 매물을 확인하면 매물을 보유한 부동산 정보가 나와요. 그러면 부동산 중개사의 얼굴과 연락처를 보면서 사장님이 여자인지, 남자인지도 알 수 있고, 매물에 대해 작성한 글과 함께 보면서 부동산 사장님이 어떤 스타일일지 미리 생각해 볼 수도 있어요.

### ③ 스크립트 짜기 – 헛소리하지 않기 위해!

내가 궁금한 이야기를 미리 써보세요. 물론 대화의 흐름에 따라 미리 써놓은 내용과 똑같이 말하지 못할 때도 있었지만, '말할 내용'이 있으니 덜 두렵더라고요. 저는 모바일 메모장에 질문을 저장하여 외우기도 했어요.

### ④ 오디오 끊기지 않게 이야기하기 – 어색한 정적은 NO!

대화할 때는 꾸준히 말을 이어가는 게 중요해요. 저처럼 나이가 어린 사람은 부동산 사무실에 방문했을 때 꾸준한 대화를 통해 '태연함'을 보여줄 수도 있고 매도할 때는 동네 사장님에게 '친밀함'을 줄 수도 있기 때문이에요. 할 말이 없다고요? 저는 부동산 사무실에서 사장님의 가족사진을 찾아서 이야기하거나 저희 부모님의 이야기를 합니다. "어머, 따님이세요? 사장님 빼닮아서 너무 예쁘다! 나이가 어떻게 되나요? 저랑 동갑이네요! 사장님 나이에 이렇게 큰딸이 있는 거예요?" 등등 따뜻한 이야기를 해 보세요.

### ⑤ 자주 방문하기 – 친밀도 쌓기에 최고!

자주 찾아가서 인사하는 것만큼 친밀도를 쌓기 좋은 방법이 있을까요? 방문하다 보면 예상치 못한 손님이나 매물을 만날 수 있어요. 매도할 때는 제 물건을 보러 온 손님이 아니었는데 우리 집으로 모셔오기도 하고, 매수할 때는 제가 사려고 한 가격대가 아닌데도 집주인이 급한 마음에 급매로 저에게 먼저 오기도 했어요. 당시에는 "정말 운이 좋았어요!"라고 말했지만, 돌이켜보니 사장님들이 급할 때 떠올릴 수 있는 사람이 되었기 때문이라고 생각합니다.

### 배우자와 함께하면 쉬워요!

갈아타기를 결심했지만, 주거지를 옮긴다는 게 혼자만의 힘으로는 정말 힘들더라고요. 저는 그때까지만 해도 '내가 원하는 삶을 배우자에게 강요해서는 안 된다.'고 생각해왔어요. 그래서 결혼 전부터 강의며, 투잡이며 혼자서 다 해 보려고 했습니다. '서로가 다름을 인정하자!'였죠. 하지만 투잡을 한다고 수입이 얼마나 늘어날까요? 숫자가 불편한 미대생인데 자금 계획이 제대로 될까요? 매일 안 되는 쨍구를 굴리는 저를 보며 제가 듣던 내 집마련 강의의 강사님이 이렇게 말씀하시더라고요.

"가문과 가문이 온 힘을 합쳐 기를 모아도 될까 말까인데, 그걸 혼자 하겠다고?"

저 역시 이건 저 혼자서는 안 될 일이라고 판단했어요. 그날부터 남편과 많이 싸웠습니다. 제가 내집마련 강의에서 듣고 충격받았던 내용을 이야기해도 남편이 받아들이는 충격 강도는 많이 달랐습니다. 그래서 일상 곳곳에서 말했어요. 언덕에서 아이를 업고 가는 아빠의 모습을 보면서 '미래의 오빠 모습'이라고, 언덕에서 위태롭게 뛰어가는 아이의 모습을 보면서 '미래의 우리 아이 모습'이라고, 눈 오는 날 접촉 사고에 상인들이 나와서 도와주는 모습을 보면서 '미래의 우리 모습일 수도 있어! 가서 도와주자!'고 했습니다. (억지 부린 내용이 다소 있습니다. ㅜㅜ) 하지만 어떤 말에도 남편은 흔들리지 않았어요. 그래서 남편에게 마지막 부탁을 했어요.

"나랑 내집마련 독서 모임에 같이 가자!"

사람이 쉽게 변하겠나 싶었지만, 책과 환경이 만드는 힘은 제가 생각한 것보다 더욱 대단했습니다. 남편은 언젠가부터 한쪽 손에 책을 들고 다니고 책의 한 구절을 말하며 생각의 그릇을 키웠어요. 그러다 보니 어느새 같은 곳을 바라보게 되었습니다. 혼자 쭈뼛쭈뼛 들어가던 부동산 사무실도 남편과 함께 가니 더욱 자연스러웠고, 제가 아플 때 저 대신 남편이 전단지를 돌려주어 너무 좋았어요. 그리고 부동산 사장님께 매도할 집 사진을 보내 줄 사람이 있다는 게 너무나 큰 위안이 되었습니다. 혼자 할 때는 힘들고 외로웠던 시간이 남편과 함께하니 행복했어요. 혼자 가는 총총걸음보다, 함께 가는 큰 걸음이 더 멀리, 더 오래 갈 수 있었어요. TV 마니아였던 남편이 지금은 TV 없는 거실에서 부동산과 재테크를 공부하고 있습니다. 사라진 TV 소리 대신 서로의 이야기로 채워가고 있어요. 처음에는 부동산이나 재테크에 관심이 없던 남편은 갈아타기를 준비하는 동안 직접 부딪히면서 얻은 경험으로 계속 성장했습니다. 이런 건 강의를 듣거나 책을 읽는다고 얻을 수 있는 게 아니죠.

## 나에게 찾아와준 잠실 아파트 급매◆!

저에게도 꾸준함 없이 급매만을 찾던 바보 시절이 있었습니다. 무서웠던 상승장! 매물을 보려면 기다렸다가 줄 서서 들어가야 했고 눈앞에서 급매가 날아가는 일이 많았어요. 올라가는 가격을 보면서

'늦었다! 고점이다!'

이런 조급함은 불안감으로 이어졌습니다. 부족한 예산 때문에 쉬운 선택으로 눈을 돌리면서 서울의 다

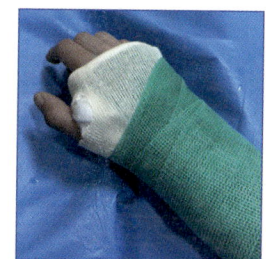 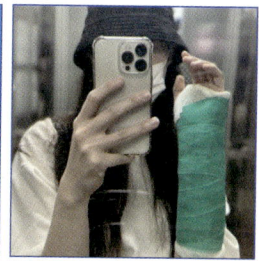

오른쪽 팔이 부러졌지만 병가 1개월을 써서 마음껏 잠실 임장에 집중!

른 지역을 다시 찾아가 보기도 했고 거래가 없는 빌라촌 속 나 홀로 아파트를 임장하면서 시간을 보내기도 했습니다. 하지만 그럴 때마다 오히려 '내가 살고 싶은 잠실'에 대한 확신과 열망은 더욱 커졌어요. 그렇게 조급함과 불안감으로 하루하루를 지내는 저에게 하늘이 기회(?)를 주셨어요. 하늘은 그렇게 제 팔을 부러뜨려주셨습니다.

---

◆ **급매**: 평균적으로 거래되고 있는 매매가 대비 가격이 낮게 측정된 매물로, 매도자의 긴급한 사유 때문에 나오는 경우가 많다.

슬픔은 잠시였고 오히려 좋았습니다. 회사를 쉬면서 부동산을 다닐 수 있는 좋은 기회라고 생각했어요. 예상대로 오른쪽 팔이 부러진 덕분에 회사 업무를 할 수 없었던 저는 병가 1개월을 쓸 수 있게 되면서 마음껏 잠실을 임장할 수 있었어요. 한 달 간 월급은 없었지만 늘어난 시간을 온전히 대출과 부동산 갈아타기에 집중하면서 가족들이 모두 안 될 거라고 한 잠실 입성의 길을 만들어갔습니다.

한쪽 팔에 깁스한 채 부동산 문을 열고 들어가니 사장님들이 안쓰러워하시며 잘 대해주셨고 집주인들도 고생한다고 음료수를 챙겨 주시더라고요. 독서모임에서 내집마련 경험이 많은 선배님들을 찾아가 현장 꿀팁까지 배워나갔습니다. 깁스한 팔은 쉬고 있지만 제 다리는 단 하루도 쉬는 날이 없었습니다. 그렇게 1년, 다시 하늘이 기회를 주셨습니다.

**강사님**: "잠실을 그 가격에 해준다고?"
**잠실샘**: "네, 그런데 더 깎아보려고요. 집주인이 더 급해 보여서요."
**강사님**: "해 보세요. 너무 욕심부리진 마시고요."

급매만 찾아다니던 저에게 와준 급매. 그런데 막상 급매를 만나니 오히려 덤덤했습니다. 조급함과 불안감에 휩싸여 급매가 아닌 물건들을 봤을 때는 당장이라도 계좌를 쏠 것처럼 이야기했지만, 진짜 급매 앞에서는 차분했어요. '그동안 급매의 바보처럼 보낸 시간이 만들어준 내성이 아닐까?' 하는 생각이 들었죠.

'내 집이 없는 건 아닐까?'
'내가 고점에서 사는 건 아닐까?'
'나만 뒤처지는 게 아닐까?'

너무 불안했던 시간. 그 조급함과 불안함 뒤에는 여러분이 찾고 있던 내 집이 급매로 기다리고 있습니다. 이 시기만 넘으면 만날 수 있는 기회예요. 내가 포기하지만 않는다면요.

자금 계획을 세우고, 임장 가고, 부동산 사장님들께 인사드리는 하루하루. 보기에는 너무 쉬운 것들인데, 꾸준히 하는 사람은 몇 없습니다. 꾸준히 하는 사람에게는 분명 기회가 찾아옵니다. 저처럼 팔이 부러지면서라도 기회를 만들어준다고 생각해요. 길고 힘든 급매를 찾는 시간 속 초조함과 불안감을 대신해 가져야 할 마음, '내 집은 반드시 있다!'는 마음만 가지셨으면 좋겠습니다.

급매를 찾아다닌 시간 동안 제가 잠실에 '살 수 있는 방법'만 생각했습니다. 이러한 생각과 고민이 잠실에 살아야 하는 확신을 더 단단하게 만들어주었어요. 1년이 걸린 저처럼 누군가에게는 너무 길고, 누군가에게는 짧은 시간이 될 수 있겠지만, 이 시간이 의미 있고 성장하는 시간이 되기를 바랍니다.

## 제 남편이 달라졌어요!
## 남의 편을 내 편으로 만드는 방법

내집마련을 할 때 가장 큰 적은 바로 자기 자신입니다. 과도한 욕심이 생기기도 하고, 두려움에 실행을 주저하게 되기도 하며, 게을러지기도 하는 나 자신과 계속 싸움을 해야 합니다. 그렇다면 두 번째로 큰 적은 누구일까요? 아이러니하게도 나와 가장 가까우면서도 가장 사랑하는 사람입니다. 남편이나 아내가 될 수도 있고, 애인이나 부모님이 될 수도 있어요. 이들은 나와 가장 가까운 곳에 있으므로 나의 의사 결정에 큰 영향력을 미칠 수밖에 없더라고요.

제 남편도 부동산 이야기하는 것을 싫어했습니다. 대출을 받자고 하는 것도 반대했습니다. 많은 우여곡절 끝에 내집마련 없이는 결혼할 수 없다는 결론을 내고 억지로 내집마련에 동의했지만, 남편과의 생각 온도 차가 크다 보니 아쉬운 선택을 하게 되었어요. 대출을 최대한 적게 받기 위해 월 상환금 15만 원 차이를 극복하지 못하고 상대적으로 나쁜 입지의 아파트를 선택하게 되었죠. 이 선택은 두고두고 후회로 남았고 우리 부부의 다음 갈아타기에서 좋은 교훈이 되었습니다. 그렇다면 이렇게 아쉬운 결과로 이어지는 이유는 무엇일까요? 왜 반대하고 있는지 상대방의 감정을 좀 더 깊숙하게 살펴보다 보면 해결 방향이 보이지 않을까요? 많이 부딪혔던 우리 부부의 경험을 바탕으로 설득할 수 있는 방법을 생각해 보았습니다.

남편이 갈아타기를 반대한 첫 번째 이유는 불확실성으로 인한 두려움 때문입니다. 앞으로 부동산이 어떻게 될지도 모르는 상황에서 유튜브에서는 폭락한다는 영상만 나오는 것 같고 집값이 떨어지면 어쩌나 하는 불안감이 컸습니다. 게다가 대출은 최대한 받지 말아야 하고 대출을 받더라도 빠르게 갚아야 한다는 마음이 커서 대출을 일으키는 부분에서도 의견 차이가 컸습니다.

그렇다면 이런 불확실성과 두려움에 대한 해결 방법은 무엇일까요? 명확한 계획을 세워서 불안한 마음을 해결해 주는 것입니다. 월 상환액의 변동성을 함께 시뮬레이션해 보고 금리 변동에 따른 월 생활비 계획도 함께 이야기를 나누어야 합니다. 다른 가족에게 빌리는 금액이 있다면 차용금 상환 계획에 대해서도 제시해 주어 다른 가족에게 미안한 마음을 가지지 않도록 걱정을 미리 해결해 주면 좋습니다. 그리고 대출에 대한 인식 변화가 먼저 필요합니다. 실제로 부모님 세대에서는 5~10년 월급을 모아서 집을 사는 게 가능했습니다. 그래서 어찌 보면 부모님이 가지고 있는 대출에 대한 부정적 인식은 당연할 수도 있어요. 하지만 지금은 월급을 모아 주요 급지에 있는 집을 사는 것이 불가능합니다. 이것이 바로 자본주의를 살아가기 위해서 대출을 잘 활용해야 하는 이유라고 생각합니다.

남편이 갈아다기를 반대한 두 번째 이유는 지금을 즐기고 싶은 마음(욜로) 때문입니다. 강남 3구에 내집마련을 준비하다 보면 부모님들께 듣는 단골 멘트가 있습니다.

"젊은 시절에 왜 이렇게 아등바등 살려고 하냐?"
"좀 더 즐기면서 살아가면 좋겠다."

저도 처음에는 이런 이야기에 흔들리기도 했습니다. 너무 부동산 공부에만 몰두하고 부수입 마련을 위해 아등바등 살다가 우리의 좋은 시절을 다 허비해 버리는 것은 아닐까 하는 두려움도 있어요. 하지만 좋은 동네에 실거주해 본 결론은 '지금도 잘 살고 나중에도 잘 살자!'입니다. 단순히 매주 여행을 다니고, 쇼핑을 하고, 맛있는 것을 먹는 것 등이 현재를 즐기는 최선의 삶일까요? 소비 지향적인 삶은 지나고 나면 오히려 공허하지 않을까요?

저는 지금 제가 사는 곳의 인프라를 최대한 누리려고 노력합니다. 저녁을 먹고 남편과 잠실 석촌호수를 산책하는 삶을 당연하게 누리고 특별한 계획 없이 한강공원으로 나가 라면을 먹고 여유를 즐깁니다. 평소에 운동이라고는 하지 않던 남편은 한강 변에 살면서 운동하지 않는 것은 너무 큰 낭비라는 생각이 든다면서 '러닝'을 취미 생활로 갖게 되었어요. 한강 변에서 꾸준히 러닝을 연습하고 즐기더니 어느덧 하프마라톤 완주를 했고 풀코스 마라톤 대회를 준비하고 있더라고요. 지금 아등바등 사는 것이 아니라 인프라를 충분히 즐기면서 잘 살게 되었고 무럭무럭 자라는 우리 집은 저희 가족의 미래를 행복하게 살게 해 주는 원동력이 될 것입니다. 지금도 잘 살고 나중에도 잘 살 수 있음을 실제 살아보면서 더 느끼게 되었습니다.

상대방이 저와 다른 생각을 하는 것은 어찌 보면 당연합니다. 왜 저와 같은 생각을 하지 않는지 불만을 갖기보다는 상대방이 걱정하는 부분을 해결해 주기 위해 노력하는 것이 서서히 상대방의 마음을 얻을 수 있는 방법입니다. 이런 과정 속에서 어느 순간 같은 방향으로 나아가고 있음을 느끼게 되더라고요. 함께하는 남편과 만들어낸 좋은 결과와 성취감은 생각보다 더 크다는 것을 경험으로 알게 되었습니다.

## 남편 잠실현 님의 '다 그렇게 사는 줄 알았던 삶'

### ① 환경

처음 이사 오고 우리 부부는 따릉이를 타고 송파구 이곳저곳을 돌아다니는 것을 좋아했습니다. 하루는 저녁 시간에 따릉이를 타고 잠실대교 쪽으로 나가게 되었습니다. 밝은 낮의 한강도 예뻤지만,

그날따라 잠실대교를 수놓는 조명이 너무나도 아름다웠습니다. 너무 행복한 기분도 잠시, 갑자기 저도 모르게 화가 났습니다. 이런 멋진 야경과 여유로운 모습이 이 동네 사람들에게는 당연한 듯 누리는 환경이며, '다른 사람들도 다 이렇게 산다고 생각하면서 살아왔겠구나.'라는 생각이 들었습니다.

러닝을 할 때도 마찬가지였습니다. 이전에 살던 동네에는 달릴 만한 곳이 없었습니다. 그래서 작은 공원으로 나가 공원에서 수십 바퀴를 달리며 그날 뛰어야 할 거리를 채우면서 달렸습니다. 자연스럽게 의지가 줄어들었고 습관으로 만들어 나가지 못했어요. 결국 그 동네에서는 러닝머신에서 달리는 것이 최선으로 보였습니다. 하지만 한강과 잠실 석촌호수를 동시에 이용할 수 있는 곳으로 이사를 왔더니 다르더군요. 아침저녁으로 러닝을 하기 위해 한강으로 나가는 분들을 많이 볼 수 있습니다. 탁 트인 한강을 보면서 열심히 러닝하는 주민들을 보면 저도 계속 나오고 싶은 생각이 자연스럽게 듭니다. 이래서 현재 살고 있는 주변 환경이 참 중요하다고 생각합니다.

이사 오기 전까지 제가 알았던 '다 그렇게 사는 줄 아는 삶'은 주말에 친구들과 한강에 나가자는 약속을 잡고, 주차가 힘들어서 주차장을 뺑글뺑글 돌고, 돗자리를 들고 좋은 자리를 잡기 위해서 여기저기 뛰어다니다가 겨우 자리를 잡아 앉고 나면 이미 지쳤던 그런 삶이었습니다. 그곳이 한강이었는데도 말이죠. 하지만 이 동네 사람들에게는 매일매일 집 앞에서 잠시 즐기는 여유로운 곳이 바로 한강이었습니다. 한편으로 저는 '내 아이에게는 이런 환경을 당연한 삶으로 물려줄 수 있구나!'라는 안도감이 들었습니다.

### ② 사람

주말 아침, 잠시 러닝을 다녀온 남편이 이야기하더라고요. 밖에 어떤 아저씨가 캠핑용 의자를 꺼내와 단지 안에서 책을 보고 있다고요. 잠실 사람들에게는 너무나 익숙한 풍경이지만 남편에게는 너무 낯선 모습이었어요. 일상에서 필수인 독서, 서로 공부하면서 성장하는 사람들의 모습 속에서 이제는 남편도 그런 사람들 안에서 스스로 성장하려고 노력합니다. 이렇게 환경이, 아니 사람들이 우리 부부를 어제보다 더 나은 사람이 될 수 있도록 만들어주고 있습니다. 이것이 바로 직접 느껴보지 않고서는 알 수 없는 환경과 좋은 사람들이 만드는 변화입니다.

아직도 '제 남편은 도움이 안 돼요. 가만히 있는 게 도와주는 거예요.'라고 생각하나요? 대출을 무서워하고 폭락론자였던 제 남편 잠실현 님이 자본주의를 깨닫고 성장하는 모습을 보면 더 오랫동안 재테크를 공부한 저보다 어느새 더 많이 성장해 있더라고요. '내 남편은 내가 생각하는 것보다 더 훌륭한 사람!'이라고 믿고 가족을 위해 책임감을 느낄 수 있게 만들어 주세요. 그러면 어느새 나보다 더 크고 멋진 사람이 되어 있을 거예요. 저는 '남편의 성장을 막았던 것은 어쩌면 나 스스로가 아니었을까?' 하는 생각을 합니다.

세이노◆ 님은 저서 《세이노의 가르침》에서 인생을 자전거에 비유하셨는데, 저는 부부 사이도 자전거를 타는 것과 같다고 생각합니다. 아무리 각자 원하는 방향대로 열심히 살아갈지라도 자전거 핸들이 비틀거리거나 방향을 명확히 잡지 않는다면 목표점에 도착하지 못하고 방황하겠죠. 내 인생의 목표를 함께하는 배우자를 한 번 믿고 방향성을 맞춰보는 건 어떨까요?

### 부동산을 하면
### 자기 자신을 잘 알게 되죠!

부동산 투자 중에서 내집마련은 자신의 전 재산과 자본주의의 대출을 활용하여 가족을 위한 좋은 입지로 가는 인생의 큰 방향성 중 하나입니다. 그래서 수없이 많이 고민해야 하고 엄청난 결심이 필요하기도 합니다. 그렇다면 이런 결단과 행동을 이끌어주는 자기 확신은 어디에서 나오는 것일까요? 자기 확신은 나 스스로 만드는 겁니다. 저도 한때는 제 인생의 큰 결정에

---

◆ **세이노**: 도서 《세이노의 가르침》의 저자

대한 확신을 외부에서 찾으려고 했어요. 하지만 그건 '남 탓하기' 좋은 수단밖에 되지 않았어요. 제 탓이 아니라는 핑계를 만들기 위해 어딘가에 의존하려고 했던 것이죠.

엑셀도, 데이터도 어려웠던 미대생인 저는 제 안에서 답을 찾기 위해 운동화 끈을 묶고 직접 현장으로 갔습니다. 그리고 그곳에서 눈으로 보고, 듣고, 대화하면서 확신을 갖게 되었습니다. 저는 자기 확신이 분명하게 서면 눈빛부터 달라집니다. 호랑이 같은 아버지도, 부동산 하락론자인 선비 같은 남편도, 독설에 능한 친구들도 저를 말리지 못합니다. 오히려 제 눈빛을 통해서 주변 사람들이 제 결심에 대한 확신을 갖게 되더라고요. 내집마련 강의가 끝나고 뒤풀이에서 가끔씩 제가 말씀드리는 것 중 하나는 "눈이 뒤집힌 사람들은 해내시더라고요!"입니다. 뒤풀이에서 만난 몇몇 분들에게서 제가 거울을 통해서 봤던 제 눈빛을 하고 있는 분들을 봅니다. 그리고 그런 분들은 곧 좋은 소식을 전해 주십니다. 언젠가 제가 존경하는 유명한 인강남 내집마련 강사님이 이렇게 말씀하시더라고요.

"부동산을 하면 자기 자신을 잘 알게 되죠!"

저도 갈아타기와 작은 투자를 해 보면서 저 스스로를 보게 되었고 저의 부끄러운 모습까지 알게 되었어요.

"내가 이렇게 이기적이구나!"
"내가 이렇게 쉽게 얻으려고만 했구나!"
"내가 이렇게 노력 없이 간절한 척하는구나!"
"내가 이렇게 남을 배려하지 못했구나!"

하지만 부동산을 통해 제 진짜 모습을 마주한 후에는 세상을 바라보고 대하는 태도가 달라질 수 있었습니다. 우리 부부에게 아직 아이는 없지만, 송파는 정말 살기 좋은 곳이라는 생각을 자주 합니다. 제가 사는 잠실은 아이들이 많으니 웃음소리가 많이 들리고 그런 아이들을 보면서 어른들도 웃게 되는 곳이에요. 집 앞에만 나가도 따릉이를 흔하게 볼 수 있지만, 이전에 살던 곳과 다르게 자전거를 타면서 클랙슨을 울리는 사람이 없습니다. 이것이 바로 넓은 도로와 평지, 그리고 여유로운 사람들에게 자연스럽게 스며든 타인을 배려하는 마음이라고 생각합니다. 이런 생각을 하며 한강공원에 도착해 보면 가족이나 연인과 함께 저녁 강바람을 즐기고 자전거 라이딩을 하는 사람들의 모습을 볼 수 있어요. 그리고 이런 풍경이 마치 그림 같다는 생각이 든답니다.

남편은 관악구에서 자취를 시작했고 신혼생활도 했는데, "관악구는 차로 서울 어디든지 가기 편해."라고 항상 이야기할 만큼 관악구의 지리적 편의성을 좋아하던 사람이에요. 관악구 러버였던 남편이 한강을 거닐면서 문득 이렇게 말하더라고요.

"서울에 오래 살았는데도 몰랐네. 서울이 이렇게 아름다운 곳이구나!"

부동산의 '좋은 입지'는 대단한 호재나 데이터로 확인하는 것이 아니라 가족이 웃고 행복할 수 있는 곳이어야 한다고 생각합니다. 잠실로 이사 온 후부터는 아는 것보다 느껴지는 것이 더 중요하다는 것을 몸소 깨닫고 있습니다.

# 노원구에서
# 서초구 한강 변 신혼집으로
# 갈아타기 성공!

로지 & 강남별 님

:: 로지 & 강남별 님 ::

**로지 님 이야기**
**흙수저 지방 출신!**
**'재테크 캠퍼스 쏘쿨스쿨◆' 1호 커플!**

쏘쿨 님 덕분에 서초 한강 뷰 아파트에 갈아타기를 성공한 로지입니다. 제 남편 강남별 님은 '재테크 캠퍼스◆◆ 쏘쿨스쿨' 24기 동기로 만났어요. 고독사방지위원회 위원장(?)이신 쏘쿨 님의 강력한 추천으로 맺어지게 된 커플이랍

---

◆ 쏘쿨스쿨(쏘스쿨): 쏘쿨 님이 진행하는 부동산 내집마련 강의로, 초급반, 중급반, 고급반으로 나누어져 있다. 역전세, 공실 걱정 없이 인서울 인강남 내집마련을 통해 행복한 부자가 될 수 있는 노하우와 방법을 알 수 있다.

◆◆ 재테크 캠퍼스(재캠): 인서울 인강남 내집마련을 위한 네이버 비공개 카페로, 내집마련을 위한 실전 경험담, 대출, 세금 정보 등 어느 곳에서도 접하기 어려운 정보와 경험이 매일매일 업데이트되고 있다.

니다. 혼자서만 잘 살면 되는 줄 알았던, 그리고 시골 출신이던 제가 어떻게 서초에 입성할 수 있었는지 그 과정을 풀어볼게요.

## 서울 사는 것, 스펙 맞아요!

지방에서 태어나고 자란 저에게 서울은 그저 '부자들이나 연예인들이 사는 곳'이라고 생각했습니다. 아주 어릴 때는 '나도 언젠가는 서울에서 일하는 멋진 사람이 되어야지!'라는 부푼 꿈을 가지고 있었죠. 지역 안에서 학군이 좋은 고등학교는 아니었지만, 그래도 성적이 좋은 편이었기에 인서울 대학교를 지원해 볼 수 있었어요. 고3 때 서울로 논술과 면접 시험을 보러 가면서 서울에 사는 친구들에게 질투와 부러움을 동시에 느꼈답니다. 첫차를 타고 서울에 가도 시험 시간에 맞출 수 없어서 전날 혼자 KTX를 타고 서울로 올라와서 어둡고 좁은 방을 구해 하룻밤 자고 난 후 논술과 면접 시험을 보러 가곤 했어요.

'서울 아이들은 KTX 안 타고 지하철만 타고도 충분히 시험장에 오겠구나. 이런 아이들과 내가 경쟁하면 당연히 불리하겠지.'

몇 달간 힘들게 서울로 왔다 갔다 하며 시험을 보면서 상대적 박탈감을 많이 느꼈어요. 나중에 인서울 대학교에 합격했지만, 딸 혼자서 타지 생활하는 것을 원하지 않은 부모님의 의견에 따라 지방의 국립대학교에 진학했습니다. 대학교를 어찌저찌 다니고 취업할 때가 되니 또 고3 때의 악몽이 떠오르더라고요. 다시 취업 시험과 면접을 보기 위해 KTX를 타고 서울로 다니며 그곳에 사는 친구들을 부러워했죠. 양질의 정보를 얻을 수도 있고 기회도 많은 서울. 심지어 취업 시장에서는 대학교 네임밸류도 중요했기에 더욱 크게 박탈감을 느꼈습니다.

### 얼떨결에 상경한 지방러,
### 첫 월셋집은 부천의 오래된 오피스텔

그렇게 저는 취업 전까지 부모님과 함께 살았어요. 그러다 한 회사에서 합격 통보를 받았는데, 첫 발령지는 인천이었습니다. 저는 캐리어 하나에 옷가지를 간단히 챙겨 인천으로 왔습니다. 며칠 동안 친구 집에 얹혀살면서 자취방을 알아보러 다녔어요. 부모님께서 도와주실 여력이 없다 보니 괜찮은 집을 구하기가 힘들었습니다. 부동산 사장님들은 저에게 '사람이 살 수 없을 것 같은 곳'만 보여주시더라고요.

"아빠! 부동산 사장님들이 나한테 이상한 데만 보여줘. 너무 어둡고 무서워. 여기 못 살겠어."

부모님께 전화로 집 구하기 힘들다고 하면서 길에서 펑펑 울었던 기억이 나네요. 결국 연식은 오래되었지만 그나마 상태가 괜찮고 회사와 가까운 부천에 오피스텔 월세를 구했습니다. 오피스텔 세입자 생활을 하다 보니 스트레스가 이만저만이 아니었습니다. 오래된 오피스텔은 여름에는 덥고 겨울에는 추워서 비바람만 피할 수 있을 정도였고 담배 냄새가 곧 모닝콜이었습니다. 퇴근 후 쉬려고 해도 주변 상가에서 흘러나오는 음악 소리가 시끄러워서 밤이든, 낮이든 편히 쉴 수 없었죠. 이렇게 열악한 환경이었는데도 그곳에서 3년이나 살았어요. 지방에서 온 동기들도 모두 비슷하게 살고 있었거든요. 하지만 날이 갈수록 마음 깊숙한 곳에서 내집마련에 대한 욕구가 조금씩 커졌어요. 이사하지 않아도 되는 '내 집' 하나만 있으면 좋겠다는 생각을 많이 했습니다. 하지만 집을 사고 싶어도 어디에 어떤 집을 사야 하는지 몰랐습니다. 집을 사려면 전 재산이 들어가니 신중해야 한다고 생각했어요. 본토 지방러였던 저는 서울과 수도권에 대해 전혀 몰랐기에 부동산 입지 공부라도 해 보기로 결심했습니다.

### 부천 오피스텔에서 구로구 원룸 전세로!

월세보다는 전세로 들어가야 돈이 모인다는 주변의 말을 듣고 '재테크 캠퍼스 쏘쿨스쿨' 강의를 듣기 직전, 구로에 원룸 전세를 계약했습니다. 저는 원룸이지만 서울에 전세를 구해서 굉장히 성공한 삶이라고 생각했어요. 직장 동기들도 저에게 "와~ 시골 출신이 서울에 전셋집도 구하고. 성공했네!"라고 하면서 장난스럽게 축하해 주기도 했으니까요. 이제 전세로 이사도 했으니 부동산 공부도 슬슬 시작하면 되겠다 싶어 내집마련 재테크 강의인 쏘쿨스쿨도 듣게 되었습니다. 그런데 쏘쿨 님 강의를 들으면서 아차 싶었습니다. 퇴근 시간에 붐비는 1호선을 피하기 위해 일부러 야근하던 시간이 얼마나 낭비인지 깨닫게 되었어요. 그래서 어서 빨리 이곳을 탈출하고 싶다는 생각만 가득했습니다.

당시 저는 주 1회 이상 꼭 임장을 했습니다. 물론 임장을 다녀온 후에는 임장 후기도 빠뜨리지 않고 기록했고요. '내집마련 재테크 강의' 중급반을 수강하고 나서는 같이 임장 갈 사람들과 매주 토요일마다 약속을 잡았어요. 평일에는 시세지도를 그리고 전화 임장도 했습니다. 아는 게 없으니 몸으로라도 때워보겠다는 생각이었거든요.

## 내집마련에 가장 큰 장애물은 바로 나 자신!

부동산 공부도 하고 임장도 하고는 있었지만, 사실 서울에 집을 살 수 있을 거라고는 상상하지 못했습니다. 자금이 아주 아주 아주 많이 부족했거든요. 그래서 그나마 저렴하고 출퇴근할 수 있는 거리인 부천과 일산을 알아보고 있었습니다. 하지만 쏘쿨 님께서는 부천과 일산으로 가기보다 자금을 조금 더 보태 서울 꼬마 아파트를 추천하셨습니다.

"서울을요? 제가 감히 살 수 있는 건가요?"

네! 살 수 있었습니다. 제가 자금이 부족하다고 할 때마다 쏘쿨 님께서 말씀하셨습니다.

"안 된다고 하니까 안 되는 거죠!! 된다고 생각해야죠!"

당시에 저는 그게 무슨 말인지 몰랐습니다. 방법을 찾지도 않고 그냥 안 된다고만 생각하고 있었습니다. 서울에서는 집을 절대 살 수 없고 서울은 무조건 비싸다고만 생각했습니다. 자금은 턱없이 부족했지만, 그래도 '언젠가는 기회가 되면 살 수 있지 않을까?' 하는 막연한 생각을 하면서 몇 달간 거의 매일 수도권과 서울을 임장했습니다.

### 어느새 내 손에
### 서울 아파트 매매 계약서가?

그날도 몇몇 쏘쿨스쿨 선배들과

같이 임장을 하고 있었어요. 그때는 부동산 시장이 좋지 않아 거래가 거의 없었습니다. 버스를 타고 가던 중 옆에 앉아 있던 선배가 말했어요.

"로지 님, 집 사셔야죠. 어디 보고 있어요?"
"부천이나 일산이요. 쏘쿨 님은 무조건 서울이라고 하시는데, 거기가 회사도 가깝고……. 사실 돈이 없어서요."
"그러고 있지 말고 빨리 '네이버 부동산'을 켜 봐요, 매물이 있나?"
"네. (낮은 가격 순으로 정렬) 어? 이 매물 그저께까지는 없었는데? 노원에 원베이 이거 O.O억인데요?"
"오~ 일단 전화 한번 해 봐요."
"네!" (아~ 진짜 돈 없는데. ㅜㅜ 일단 집만 보고 오자.)

부동산에 전화해 보니 오늘 저녁에 집을 볼 수 있다고 하셨어요. 그날 저녁까지 같이 임장했던 선배가 감사하게도 같이 가주신다고 하셔서 함께 집을 보러 갔습니다. 저는 사실 초보라 집을 잘 볼 줄 몰랐거든요. 로얄층에 라인도 좋고 집도 깔끔했어요. 그날 밤, 매물을 정리하고 자금계획표를 써서 쏘쿨 님께 메일을 보냈습니다. 쏘쿨 님께서 처음으로 긍정적인 답변을 주셨고 며칠간 고민 끝에 그 집을 계약했습니다. 돈이 없어도 하늘이 무너지지는 않더라고요. 저는 '집 없이 길에서 죽으나, 집 사고 대출 이자 내려고 투잡, 쓰리잡 하다 과로로 죽으나, 후자가 더 나은 삶이지 않을까?' 하는 생각을 하면서 그야말로 영끌로 집을 매수했습니다. 원래 살던 구로구에서는 직장까지 20분이 걸렸지만, 노원구로 이사하면 1시간 20분이 걸려서 출퇴근이 힘들 게 뻔했어요. 하지만 저는 하루빨리 쾌적하고 안전한 아파트에 살고 싶은 마음이 강했습니다. 그렇게 저는 서울 꼬마 아파트에 내집마련을 했습니다.

"동쪽으로 이동을 성공하셨네요. 이제 남쪽으로 한 번 더 오면 됩니다!"

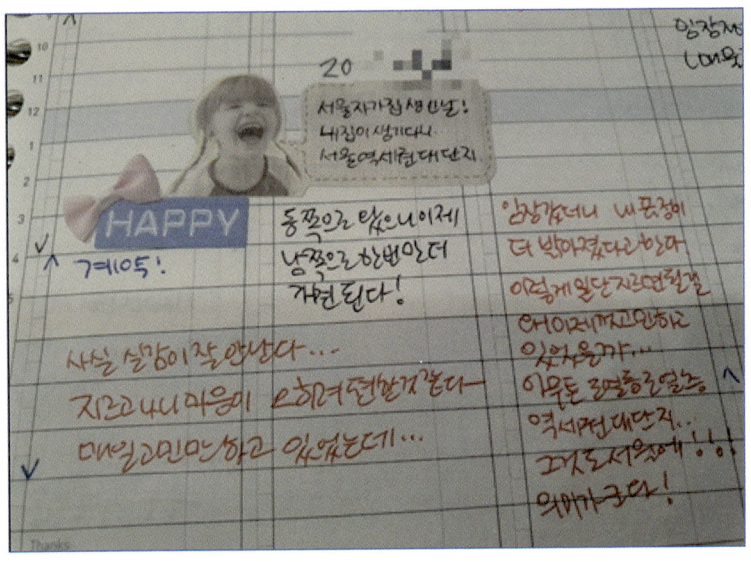

노원구에 첫 번째 내집마련한 후 강남으로 가기 위한 결심을 적다!

쏘쿨 님의 말씀을 듣고 보니 차근차근 하다 보면 정말 강남을 갈 수 있겠다는 생각이 들었습니다. 저는 이날 바인더에 '동쪽으로 왔으니 이제 남쪽으로 한 번만 더 가면 된다!'라고 써두었습니다.

저는 처음으로 내 집을 마련한 후 밤낮 없이 회사 일에 매진했고, 비상근무도 했으며, 주말도 반납하고 일했습니다. 그 결과, 놀랍게도 그해에는 연봉이 2,000만 원이나 올랐습니다. 몸이 안 좋아서 겨우 걸을 힘만 있었을 때도 서울에 내 집이 있다는 생각만으로 일할 맛이 났습니다. 월급을 열심히 모으고 돈도 거의 쓰지 않고 아끼니 제 생각보다 훨씬 빨리 마이너스 통장으로 빌린 돈을 갚을 수 있었고 그 후에는 돈이 점점 더 많이 쌓이더라고요. 서울에 내 집이 있다는 것은 저에게 엄청난 안정감과 자존감을 주었고 제 인생을 송두리째 바꾸어 놓았습니다.

### 당연한 삶?
### 어쩌면 당연하지 않은 삶!

저는 서울에 입성한 후 이전과는 다른 삶을 살게 되었습니다. 부천 오피스텔에 살 때는 창문이 다 열리지 않아 환기도 잘 안 되었고 구로구의 원룸에 살 때는 집 안에 빨래를 널어야 해서 좁고 습했어요. 공간이 부족하니 제가 움직일 때마다 빨래건조대도 같이 이동해야 했고요. 하지만 아파트로 이사 오니 환기도 잘 되고 햇빛도 잘 들었어요. 빨래가 뽀송뽀송하게 마르는 게 어찌나 신기하던지요. 겨울에는 삶의 질이 더 심하게 차이 났습니다. 오피스텔이나 원룸에서는 샤워하려고 화장실에 들어가면 너무 추워서 뜨거운 물을 한참 동안 틀어놓은 후에 들어가곤 했는데, 아파트에서는 그럴 필요가 없었어요. 넓고 따뜻한 공간에서 샤워를 하니 너무 좋더라고요. 무엇보다 만족도가 높은 건 주변 환경이었어요. 부천이나 구로구에서는 위험하고 어두워서 밤 산책은 상상도 할 수 없었어요. 주말 낮인데도 산책을 하려면 도로가 옆에서 매연을 마시며 걸을 수밖에 없었습니다. 하지만 노원구로 이사 오니 평지에 깨끗하고 쾌적한 산책로가 있어서 밤에도 안심하고 산책을 즐겼답니다.

처음에 걱정했던 출퇴근 거리가 먼 것은 별로 문제가 되지 않았어요. 집으로 가는 길이 항상 설레었고 정말 모든 것이 집에만 오면 극복이 되었습니다. 직장 동료나 친구들을 만나 술 마시고 노는 것도 더 이상 재미없었고 아늑한 내 집에 가서 시간을 보내는 것이 더 행복하게 느껴졌습니다. 서울에 작지만 내 집을 마련하고 보니 '나도 정말 언젠가는 강남 3구에 집을 마련할 수 있겠다!'는 자신감이 생겼습니다. 이를 동력 삼아 저는 그 후에도 꾸준히 임장을 다녔습니다.

## 내가 원하는 삶은
## 나 혼자만의 능력으로는 역부족!

서울 첫 집은 어찌저찌 영끌로 마련했지만, 다음 스텝을 생각하니 조금 막막했습니다. 그때는 갈아타기 자체를 이해하지 못했거든요. 비혼주의자였던 저는 혼자만의 능력으로는 제가 원하는 삶을 살기 어렵다는 현실을 깨닫게 되었어요. 제 월급만으로는 상급지 아파트의 원리금을 갚기에 턱없이 부족하고, 제 신용만으로는 더 많은 레버리지를 일으키기가 힘들며, 제 명의만으로는 자산을 불리는 속도가 현저히 낮다는 것을요. 더블 인컴, 더블 레버리지, 더블 명의가 있어야 한다는 것을 절실하게 깨달았어요. 그래서 저는 '공동 투자자가 필요하다!'고 결론을 내리면서 결혼을 결심하게 되었습니다. 어느덧 시간이 흘러 해가 쨍쨍 내리쬐던 어느 여름날, 쏘쿨 님께서 연락을 주셨어요.

"로지 님, 이번 주말에 강남별 님이랑 그 동네 부동산 좀 가보세요."

그 당시 여름은 '불장'으로 사람들이 너도나도 집을 사겠다고 부동산에 발 디딜 틈이 없었던 시기였습니다. 그래도 다행히 노원구는 아직 본격적인 상승장이 오기 직전이었어요. 주말이 다가오는데 강남별 님에게서 아무런 연락이 없어 먼저 카톡을 보냈습니다.

"강남별 님, 오랜만이에요. 내일(토요일) 노원구에 오실 거죠?"

"아, 제가 내일 약속이 있어서 못가요."

"(속 터짐 1) 집 사는 것보다 더 중요한 약속인가요?"

"아, 그건 아닌데요."

"(속 터짐 22) 일요일에는 집을 못 봐요. 요즘 부동산 사무실에 사람들이 미어터지는 거 아시죠?"

"아, 그건 아는데……."

"(속 터짐 333) 요즘 평계 대기 좋잖아요. 컨디션이 안 좋은데 코로나일 수 있으니 다음에 보자고 해요. 쏘쿨 님께 밥통 소리 듣고 싶으세요?"

"아, 네……. 이야기해 볼게요."

다음 날 아침, 강남별 님에게서 연락이 왔습니다.

"로지 님, 저 지금 가고 있어요."

"네, A 단지 앞에서 봐요."

우리는 '돈은 없지만 열심히 사는 동갑내기 신혼부부'로 빙의해 그 동네의 모든 매물을 털었습니다. 그리고 쏘쿨 님께 매물에 대한 조언을 구하는 과정에서 놓치고 있었던 매물을 발견했습니다. 부동산에 나온지도 좀 되었고 세입자가 살고 있는 탑층 물건이었어요.

우리는 바로 물건이 있는 부동산으로 달려갔죠. 세입자가 집을 보여주지 않아 부동산 사장님들의 브리핑 우선순위에서 밀려있었지만, 입지와 가격 모두 좋은 매물이었어요. 주말 낮이라 세입자는 근교로 놀러 갔고 집은 다음 주가 되어야 볼 수 있다고 하더라고요.

"집을 안 보여준다고?! 이건 기회예요! 세입자가 집을 안 보여주니까 그렇게 싼 겁니다!"

쏘쿨 님의 말을 듣고 저와 강남별 님은 집 구조와 베란다 쪽 뷰를 보기 위해 이웃집에도 가보고, 아랫집과 옆집 등기부등본◆도 떼어보고, 자금도 정비하는 과정을 거친 후 가계약금을 쏘았습니다. 이렇게 강남별 님도 노원구에 첫 집을 사게 되었고 이 집은 곧 우리의 신혼집이 됩니다.

**잠깐만요!**
**이렇게 빨리 결혼한다고요?**

강남별 님이 집을 매수하는 과정을 도와주고 이전보다 오랜 시간 이야기하다 보니 서로 호감이 생겼

---

◆ **등기부(등기부등본)**: 1필지 또는 1개의 건물(집)에 대한 부동산 소유자뿐만 아니라 근저당을 포함한 모든 권리 사항을 표시한 서류. 이전에는 '등기부등본'이라고 칭했지만, 현재는 '등기사항전부증명서'라고 칭한다.

어요. 둘다 현재 만나고 있는 사람이 없다는 것을 알게 되었고 이전부터 말이 잘 통했기에 우리는 한번 만나보기로 했습니다. 이렇게 급(?)연애를 시작하게 되었는데, 만나보니 생각보다 더 잘 맞더라고요. 문득 '나 왠지 이 친구랑 결혼할 것 같은데?'라는 느낌이 들었습니다. 적어도 부동산과 관련된 것만큼은 서로를 설득할 필요가 없었기에 편한 마음으로 만날 수 있었어요.

사귄 지 일주일 정도 되었을 때 자연스럽게 결혼 이야기가 나왔어요. '벌써 결혼 얘기가 나오다니!' '결혼'이라는 주제가 너무 자연스럽게 흘러가서 많이 당황스럽기도 했고 같은 생각을 하고 있다는 사실이 신기하기도 했습니다. 사실 이전부터 쏘쿨 님께서 서로 만나보라고 말씀하셨는데, 우리 둘 다 각자 만나는 사람이 있는 줄 알고 철저하게 친구로 지내고 있었답니다. 아무튼 쏘쿨 님이 우리의 미래를 먼저 알아보셨다는 사실이 무척 놀라웠죠. 만난 지 한 달쯤 되었을 때 쏘쿨 님께 교제 사실을 말씀드렸습니다.

"네, 이제 결혼하셔야죠?"
"벌써요? 그런데 쏘쿨 님은 왜 안 놀라세요?"
"이렇게 될 줄 알았죠. 할 거면 빨리 해요! 어휴, 집 사줘. 결혼시켜줘. 내가 당신들 아빠냐?"
"쏘쿨 님, 정말 감사합니다." ♥

만난 지 얼마 되지도 않았기에 결혼은 너무 빠르다는 생각이 들었지만, 우선 양가 부모님께 우리의 결혼 의사를 말씀드렸습니다. 양가 부모님은 저와 강남별 님을 보지 않으셨는데도 네 분 모두 쌍수를 들고 단박에 찬성하셨어요. (부모님들도 우리가 고독사할까봐 걱정하셨던 걸지도 모릅니다.) 그렇게 우리는 양가 부모님들께 인사를 드리러 갔어요. 제가 아버님과 어머님께 처음 인사를 드린 날, "혼자 서울 올라와 고생했다. 기특하다."고 하시면서 딸처럼 보듬어주셨던 그 날을 잊지 못합니다. 친정 부모님께 강남별 님이 처음 인사드린 날도 부모님의 온화한 표정과 꿀이 뚝뚝 떨어지던 그 눈빛이 지금도 생생해요. 양가 부모님께서는 우리가 서울에 집 1채씩 가지고 결혼하는 것을 굉장히 자랑스럽고 기특하게 여기셨어요. 결혼을 준비하는 과정에서도 양가 부모님들의 큰 배려 속에 정말 순탄하게 결혼식까지 마쳤답니다.

결혼까지 얼마나 빨랐던 거냐고요? 우리가 정식으로 만나게 된 지 3개월 만에 예식장을 예약했고 그로부터 5개월 후 예식을 올렸습니다. 결혼을 안 한다던 애가 갑자기 결혼한다고 하니 주변에서 왜 이렇게 빨리 하냐고, 혹시 아이가 생겼냐고 조심스레 물어보시는 분도 계셨답니다. (안타깝게도 그냥 살이 쪘던 거였습니다. ^^) 강남별 님이 매수한 집 인테리어와 결혼 준비를 병행하느라 정말 몸이 부서져라 바빴지만, 결혼을 시작으로 우리는 강남행 부스터를 달게 됩니다.

## 우리도 10년 후에는
## 강남 3구에 들어갈 수 있겠지?

결혼식을 올리고 나니 주변에서 그러더라고요.

"이제 두 분은 서울에 집도 한 채씩 있고 결혼도 했으니 마음 편히 쉬면 되겠네요."

하지만 우리 생각은 달랐습니다.

"이제 시작인걸요."

야간 잠실 임장 중 잠실주공5단지에서 본 한강

저와 강남별 님은 바쁜 와중에도 갈아타기를 위한 준비를 꾸준히 했습니다. 우리는 시간이 날 때마다 워너비 동네이자 곧 우리 동네가 될 잠실로 가서 대부분의 시간을 보냈어요. 퇴근 후 저녁을 먹을 때도 잠실로 가고 주말에도 잠실에서 데이트하면서 주변을 임장했고 부동산 중개소에 가서 사장님들과 이야기도 나누었습니다. 이렇게 잠실에서 즐거운 시간을 보내고 나서 집으로 돌아갈 때가 되면 항상 아쉬운 마음이 들었어요.

'이대로 그냥 걸어서 집으로 갈 수 있다면 좋겠다. 언젠간 우리도 여기로 이사올 수 있겠지?'

그때는 사실 막연하기만 했어요. '언젠가' 기회가 올 거라고는 생각했지만, '먼' 미래라고 생각했죠.

## 생각보다 빨리 찾아온 기회, 노원집 2채를 잠실집 1채로!

그리고 나서 2개월 정도 지났을까요? 급작스러운 금리 폭등으로 잠실이 3억 원 정도 하락하더라고요. 드디어 우리에게도 기회가 온 건가 싶었습니다. 그때는 결혼한 지 얼마 안 되었고 강남별 님이 집을 산 지 1년도 안 된 시기였지만, 우리는 이 기회를 놓치고 싶지 않았어요. 노원집 2채를 잠실집 1채로 교환하고 싶었죠. 우리가 가고 싶었던 아파트의 로얄동 로얄층 매물을 보고 와서 부모님들께 우리의 갈아타기 계획을 말씀드렸습니다. 양가 부모님들께서는 화들짝 놀라시면서 반대하셨고, 화를 내시기도 하셨으며, 걱정도 많이 하셨어요. 우리를 위해서 하시는 말씀인 것은 잘 알고 있었지만 우리 부부의 목표는 확고했습니다. 각자 가지고 있는 물건을 모두 매도하고 총력을 다해 자금을 끌어모은다면 잠실에 입성할 수 있겠다는 생각이 들었습니다. 우리는 두 집을 모두 부동산에 내놓고 동시에 잠실을 집중적으로 임장하기 시작했어요.

갈아타기는 생각보다도 정말 어려웠습니다. 잠실에서 저렴한 물건이 나와도 우리 물건에 매도 기미가 보이지 않으면 잠시 물러나야 했고, 우리 물건을 매수하려는 사람이 있어도 잠실에 원하는 물건이 없으면 잠시 쉬어가야 했습니다. 순간순간이 정말 아쉬웠어요. 매도와 매수를 위한 작업을 계속 진행하면서 한 달 가까이 부모님을 설득했지만, 잘되지 않았습니다. 부동산에 가는 것 자체를 말리셨어요. 그러다 보니 가족과 서먹해지기까지 했습니다. '이렇게까지 해야 하나? 가족까지 힘들게 하면서까지 무리해서 도와달라고 해야 하나?'라는 생각이 문득문득 들었고 몸도 마음도 너무 힘들어서 포기하고 싶었습니다.

## 방향은 정해졌으니
## 다음 기회는 반드시 잡는다!

결국 매도와 매수가 원하는 대로 이루어지지 않았고 잠실은 다시 고점을 회복하며 기회는 날아가 버렸죠. 너무 아쉬웠지만, 우리는 많은 것을 배웠습니다. 결과와 상관없이 '하면 된다'는 것을 알게 되었고 다음에는 반드시 잠실에 닿을 수 있을 거라고 확신했어요. 그리고 쏘쿨 님이 해 주신 말씀이 정말 큰 힘이 되었습니다.

"이번에 잠실 못 들어와도 괜찮아요. 할 수 있다는 걸 알았잖아요? 된다는 것을 안 것만으로도 큰 성과입니다. 핸들 방향을 잘 잡았으면 이제 페달은 천천히 밟아도 돼요."

갈아타기 기회를 놓친 것은 아쉬웠지만, 이를 계기로 우리의 무기는 좀 더 날카로워졌고 마음가짐도 달라졌습니다. 매도와 매수 전략, 대출과 세금 등 갈아타기에 필요한 모든 것을 재정비할 수 있었고, 가족에게 우리의 강남 3구 입성의 의지를 강력하게 피력했으며, 다음 스텝에 대한 확신과 믿음이 더욱 견고해졌습니다. 방향은 제대로 잡았잖아요. 이제는 멈추지만 않으면 된다고 생각하니 조급한 마음도 사그라지더라고요. 그 후로 회사 일도 더 열심히 하고 내집마련 재테크 강의의 독서 모임도 꾸준히 참여하면서 대출과 세금 강의

뿐만 아니라 선배 스터디를 통해 사례 공부와 마음공부도 하며 강남 3구에 입성할 날을 손꼽아 기다렸습니다. 첫 번째 갈아타기 시도는 실패했지만, 우리는 좀 더 단단해질 수 있었습니다.

## 양가 부모님 반대가 가장 큰 벽!
## 설득 작전 돌입!

당시 양가 부모님들께서는 우리 부부가 강남에 집을 마련하는 것이 '욕심'이자 '무리'라고 생각하셨어요. 그래서 우리 부부의 '강남 입성에 대한 욕망'이 '사치스럽고 헛된 욕심'이 아니라 '행복한 삶을 위한 진심'이라는 것을 알려드리고 싶었습니다. 저는 친정 부모님이 서울에 오시면 꼭 잠실로 모시고 가서 맛있는 음식을 사드렸어요.

"여기 비싼 데 아니야? 얼마야?"
"이거 한 상에 ○만 원이에요."
"정말? 지방에서도 그 돈 주고 이렇게 못 먹는데. 음식도 더 맛있고 직원들도 친절하네."
"강남이라고 물가가 비쌀 줄 알았죠? 별로 비싸지도 않은데 훨씬 맛있다니까!"
"그러게. 진짜 어떻게 그럴 수가 있지? 신기하다!"

"우리 다음에는 강남에 집 살 거예요."
"여기 집값이 얼만데! 넌 겁도 없냐?"
"엄마는 내가 혼자 서울에 집 살 것이라고 했을 때 안 믿었지?"
"그래, 그랬지?"
"근데 샀잖아. 강남에 집 사는 건 왜 못해?"
"알겠어. 살 수 있음 사라, 사. (체념) ^^"
"응, 엄마 딸이 강남에 집 있다고 자랑할 날이 올 거야. 기대해."

그리고 시댁에 가면 강남별 님이 시어머님께 강남에 집을 사겠다는 의지를 강력하게 어필했어요.

"너희도 너무 일만 하지 말고 좀 놀러도 다녀라."
"놀러 가도 별거 없어요. 일 열심히 해서 강남에 집 살 거예요."
"아직도 그 소리야? 그냥 편하게 살아! 너무 욕심부리면 탈 나."
"욕심 아니라고! 포기 안 했어요."
"그렇게 무리해서 나중에 어떻게 하려고 그래?"
"무리 아니에요. 충분히 할 수 있어요!"
"아휴~ 알겠으니까 일단 밥부터 먹어."

초반에는 부모님들께서 반감을 갖지 않으시도록 가볍게 말씀드리는 게 포인트였답니다. 시간이 지나면서는 우리 부부의 앞으로의 계획을 말씀드리고 그것을 위해서 지금 어떤 노력을 하고 있는지, 요즘 시장 분위기가 어떤지도 함께 이야기하면서 철저히 준비하고 있다는 것을 보여드렸어요. 1년여의 시간 동안 우리를 걱정해 주시는 부모님의 마음을 돌려놓는 것이 쉬운 여정은 아니었습니다. 하지만 하나의 목표를 향해서 열심히 달려가는 우리를 보시고는 부모님들도 조금씩 우리의 말을 들어주시기 시작했답니다.

## 매수하는 것보다 1만 배는 더 어려운 매도

이렇게 계속 준비만 하다가 반년쯤 지난 시점에 다시 기회가 왔습니다. 송파의 매매가가 출렁거렸고 그 후에는 강남까지 매매 가격이 떨어지기 시작한 것이죠. 매도와 매수를 동시에 하려니 정말 힘들더라고요. 이 과정에서 우리는 열심히 내집마련 강의를 들으면서 쌓았던 내공의 위력을 많이 느꼈어요. 제가 컨디션이 좋지 않거나 주말에 출근을 해야 하는 날에는 남편 강남별 님이 혼자 매도 전단지를 돌리기도 했고 매수 희망 지역 부동산에 가서 사장님들과 이야기하고 오기도 했습니다. 부동산 사장님과의 소통이나 협상은 제가 담당했고 숫자에 강한 남편은 대출이나 세금과 같이 자금 계획을 세우는 등 역할 분담을 할 수 있었어요. 둘이서 같은 목표를 보고 같이 준비하다 보니 역할을 나누어서 할 수 있었고 함께 대화를 나누면서 정리되는 부분도 많았습니다.

시장 분위기가 하락장으로 돌아서자 당시 노원구에는 집을 보러 오는 사람이 거의 없어서 답답한 마음에 다시 전단지를 들고 나섰습니다. 그런데 매수세가 얼마나 없었으면 부동산이 가장 바빠야 할 토요일에 문을 닫았더라고요. 아예 폐업한 부동산도 심심찮게 볼 수 있었습니다. 부동산 사장님들을 볼 수 없으니 매도 전단지를 문 사이에 끼워두고 올 수밖에 없었어요. 직장인들은 보통 토요일에 집을 볼 텐데 부동산이 문을 닫으니 집을 보러 오는 사람도 없었죠. 매도가 되지 않는 상황에서 강남 3구 집값은 온탕과 냉탕을 오갔습니다. 아~ 이제 놓친 건가 싶다가도 다시 집값이 내려오고 아~ 이제 살 수 있는 건가 싶다가도 다시 집값이 올라가고 해서 멀미가 날 정도였죠. 우리는 집을 매일 깨끗한 상태로 유지하면서 매도 전단지를 돌렸던 부동산 사장님들께 자주 연락했습니다.

"아휴~ 요즘 집 보러 오는 사람 없어요. 그렇게 매물 많이 올려놓으면 사람들이 이상하게 생각하고 더 안 와요!"

이런 부동산 사장님들의 말씀에도 굴하지 않았어요.

"이전보다 사람이 없긴 한데, 사장님이 우리 집의 좋은 점을 잘 어필해 주셔야죠. 우리 집이 동네에서 인테리어가 제일 잘 되어 있고 탑층이라 층간 소음이 없잖아요."

이때는 시장 분위기가 하루이틀 사이에도 오르락내리락 많이 바뀌어서 그에 따라 전략도 바꾸어야 했습니다. 이런 상황에서 평정심을 유지하면서 냉철하고 객관적으로 상황을 파악하는 게 가장 어려웠습니다.

## 인테리어의 힘이
## 이렇게나 막강했다니!

특올수리로 실거주 인테리어를 했기에 가격을 무한히 낮추기보다는 시세보다 조금 높게 매물을 올려두었답니다. (하지만 샀던 가격보다는 낮았어요. ㅜㅜ) 그러다가 어떤 신혼부부가 우리 집을 깎지도 않고 바로 매수하고 싶다는 의사를 밝혔어요. 나중에 알고 보니 이 신혼부부는 2개월 전 우리 집을 보고 갔었고 인테리어에 반해 매수 의사를 밝혔지만, 우리가 가격을 깎아주지 않아 포기했던 분들이더라고요. 하지만 2개월간 다른 매물을 봐도 우리 집보다 더 좋은 집이 없어 계속 생각났다고 합니다. 인테리어도 정말 잘 되어 있고 마침 매수 희망자의 남편이 이전에 층간소음으로 너무 시달려서 탑층인 우리 집을 너무 마음에 들어 했더라고요. 이때 인테리어의 막강한 힘을 느꼈습니다. 매수세가 강하지 않은 시장이었는데도 매도가 되더라고요. 약점이라고 생각했던 탑층이라는 조건도 쏘쿨 님의 말씀처럼 장점이 될 수 있다는 것을 몸소 깨달았답니다. 우리는 이렇게 끝나지 않을 것 같았던 매도를 마쳤습니다. 매도하는 데 얼마나 걸렸냐고요? 꼬박 1년이 걸렸습니다.

매수 가격보다 ○천만 원 낮은 가격에 매도했지만, 이제 강남에 집을 살 수 있다는 생각에 전혀 아쉽지 않았습니다. 매도를 진행하면서 매도 난이도는 제가 생각했던 것 이상으로 높았고 매도 후 바로 매수를 하는 것은 육체적, 정신적으로도 상당히 힘들다는 것을 배웠습니다. 이제서야 내 집을 마련할 때는 한 단계 한 단계 올라가는 것이 아니라 총력전으로, 내가 할 수 있는 가장 좋은 곳에 깃발을 꽂으라는 쏘쿨 님 말씀을 조금이나마 알겠더라고요. 이렇게 매도는 무사히 마쳤지만, 매수할 매물이 정해지지 않아 조금 불안한 상태였어요. 하지만 우리는 매도 계약 후 딱 일주일 만에 매수할 집을 찾게 됩니다.

## 강남 3구 입성 2계명!
## 조급증 NO! 쉬운 선택 NO!

실거래가가 뜰 때마다, 매물이 하나둘 사라질 때마다 우리의 마음은 요동쳤지만, 서로의 멘탈을 잡아주며 매 순간을 함께 헤쳐나갔어요. 매수할 집이 정해지지 않았다는 불안감에 이성을 잃은 건 아닌지, 또다시 기회를 놓칠까봐 조급함에 쉬운 선택을 하려는 건 아닌지 항상 경계하면서 침착하려고 노력했습니다. 우리의 신혼집을 매도한 후 어느 날 늦은 밤이었습니다. 그날도 어김없이 남편은 '네이버 부동산'에서 매물을 뒤지고 있었습니다.

"자기야! 잠원동에 ○○아파트 매물이 나왔는데, 여기 괜찮을 거 같아. 한 번 봐봐."

"얼만데?"

"○○억. 층도 괜찮아. 여기 베란다에서 한강도 보이겠는데? 그리고 같은 동에서 더 낮은 층이랑 가격이 똑같아."

"오~ 그 정도이면 급매인데? 음~ 한강? 보이려나?"

(이때까지만 해도 한강이 보이는 집에 살 수 있을 거라고 생각하지 못해서 크게 관심이 없었어요. ㅜㅜ)

"저번에 나 혼자 갔을 때 아파트 계단에 올라가 봤어. ○층이면 뷰가 좋을 것 같아."

"그래? 내일 바로 가볼까?"

"그러자. 어제 올라온 매물이라 왠지 늦으면 안 될 것 같아."

"그래. 오늘은 시간이 너무 늦었으니까 내일 아침에 바로 부동산에 전화하자. 간 김에 공실인 그 더 낮은 층도 보여달라고 하고."

"응. 거기(공실)는 부동산 사장님이 언제든지 볼 수 있다고 했어."

다음 날이었던 금요일은 정말 운이 좋게도 강남별 님이 회사를 쉴 수 있는 날이었고 저는 건강 검진이 예정되어 있었습니다. 마치 매물을 보기 위한 날이었던 것처럼요! 아침이 되어 부동산 사장님께 전화해 보니 "O층은 세입자가 사는 집인데, 오늘 집에 사람이 없어서 못 봐요. 아래층에 공실이 있는데 거기 보여줄게요."라고 하셨습니다. 우리는 목표했던 매물을 볼 수 없어서 무척 아쉬웠지만, 낮은 층 공실이라도 봐야겠다는 생각이 들었습니다. 저는 혹시나 판단이 흐려질까봐 수면 마취가 포함된 검사를 취소하고 건강 검진이 끝나자마자 예약해둔 부동산으로 향했습니다. 같은 평수의 공실이 있어서 운 좋게도 시간 여유 있게 집 구조를 꼼꼼하게 볼 수 있었습니다. 집을 보고 나니 더 욕심이 나더라고요.

### 낮은 층 + 공실 vs 높은 층 + 세입자 사는 집

낮은 층은 한강이 안 보이지만 공실이어서 매도자가 배려해 준다면 인테리어도 미리 할 수 있었어요. 그러면 보관 이사를 하지 않고 잔금을 치르는 날 바로 이사할 수 있었죠. 높은 층은 전세계약갱신청구권을 쓴 세입자가 살고 있어서 이사 날짜가 명확하지 않았고 인테리어도 미리 할 수 없었어요. 하지만 한강뷰가 확보되고 나중에 팔 때도 유리할 거라는 생각이 들었습니다. 이 두 매물은 가격이 같아서 부동산에 앉아 고민하기 시작했습니다.

부동산 사장님과 이야기도 하고, 자금 계획도 다시 점검해 보고, 쏘쿨 님께 상담해 볼 자료도 정리하고, 주변 시세도 다시 점검하면서 다른 매물과 비교했습니다. 당장 돈이 조금 모자랄 것 같아 빌려올 곳이 있는지 알아보기도 했죠. 가계약금을 쏴야 하나 말아야 하나 거의 5시간 가까이 고민했습니다.

"우리가 지금 놓치고 있는 게 뭘까? 일단 가계약금을 쏠까?"
"조금 부족하지만, 부모님이 도와주시면 불가능하지는 않아."
"음~ 집을 안 보고 사기는 좀 찝찝한데."
"우린 뭐 신혼집도 안 보고 가계약금을 쐈잖아!"
"아파트니까 그래도 괜찮긴 하지. 그래도 우리 지금 너무 조급한 거 아닐까?"
"나도 확신이 안 서네. 좀 더 좋은 기회가 올까?"

아무래도 매매가가 크다 보니 집을 못 보고 사는 게 많이 걱정되었습니다. 결국 우리는 결정을 내리지 못하고 귀가하기 위해 지하철역으로 갔습니다. 지하철역에 도착하니 갑자기 허무한 느낌이 들었고 이 집을 놓치면 안 되겠다는 생각이 들었어요. "자기야, 우리 쏘쿨 님한테 여쭤봐야 후회하지 않을 것 같아. 오늘 끝장을 내고 가자." 그리고 지하철역 의자에 앉아 쏘쿨 님께 보낼 메일을 썼습니다. 자금 계획과 현재 상황, 주변 시세를 다시 한번 더 꼼꼼하게 정리하다 보니 결론이 점점 더 명확해지더라고요.

"이 집은 사야 한다!!"

## 이제 우리 서초에 들어가는 거야?

매매를 결정하게 된 이유는 간단했습니다.

① 우리가 이전에 보던 잠실 아파트보다 싸다.
② 입지, 층, 향을 고려했을 때 주변 매물보다 평단가가 싸다.
③ 남편 강남별 님 직장과 내(로지) 직장의 딱 중간에 위치한다.

이렇게 정리해서 쏘쿨 님께 상담 메일을 보내고 다시 부동산으로 갔습니다. 우리는 오늘 결판을 내야겠다고 다짐하며 문을 힘차게 열고 들어갔어요. 부동산 사장님은 다시 온 우리를 놀란 토끼 눈으로 쳐다보시더라고요.

"사장님, 우리 오늘 가계약금을 쏘고 가야겠어요!"

일단 물건을 잡아야겠다는 생각이 들더라고요. 우리는 퇴근하려던 사장님을 다시 앉히고 계속해서 대화를 이어나갔습니다. 이렇게 2시간 정도 기다렸을까요? 기다리고 기다리던 쏘쿨 님의 전화가 왔습니다.

"한강뷰에 그 가격이라고? 괜찮은 거 같은데요? 그런데 집을 못 보면 다른 것들을 확인해 봐야죠."

저는 쏘쿨 님과의 통화에서 팁을 얻어 현장에서 미처 확인하지 못했던 것들을 알아보기 위해 혼자서 부동산을 나왔습니다. 그동안 남편은 부동산 사장님과 계속 이야기하며 라포(rapport, 사람과 사람 사이에 생기는 상호 신뢰 관계)를 형성하고 있었죠.

저는 현재 상황에서 최대한 제가 볼 수 있는 것들을 모두 알아본 후 이상이 없음을 확인했습니다. 더불어 서초구에 살고 있는 선배와 최근에 근처 아파트를 매수한 선배에게도 의견을 여쭈었습니다. 그렇게 우리는 부동산에 온 지 8시간 만에 가계약금을 쐈습니다. 노원 집을 매도한 지 일주일 만에 서초집 매수 계약을 하게 된 것이죠. 대략적인 계약서 내용을 정리하고 나서 부동산 사장님이 한껏 피곤한 얼굴로 말씀하셨습니다.

"어휴~ 젊은 사람들이 대단하네요. 정말 맞아! 이렇게 해야 해요.

밀어붙일 땐 밀어붙여야 강남에 들어오지."

가게약금을 쏘고 나니 벌써 바깥이 캄캄해졌더라고요. 순간 기운이 쫙 빠졌습니다. 안도감이 들면서도 갈아탈 집을 매수했다는 사실이 믿기지 않았습니다.

"맨날 잠도 안 자고 '네이버 부동산'을 보더니 물건을 잘 찾았네."
"그치? 내가 잘 찾았지?"
"그래, 장하다! 오늘 저녁은 내가 사줄게!"
"좋아! 우리 이제 이 동네 주민이니까 현지인 맛집 가자!"

사실 매도가 잘 되지 않아 빠르게 사라져가는 강남 3구 매물을 보면서 많이 아쉬워하고 있었습니다. 매도하고 나서 매수할 집을 못 찾게 된다면 당분간 월세로 살 생각도 하고 있었고요. 하지만 생각보다 기회가 빨리 찾아와주어 당황스럽기도 하고 걱정스러운 마음에 더 많이 고민할 수밖에 없었습니다. 지금 생각해 보면 이 모든 것이 우리 부부가 포기하지 않고 꾸준히 준비했으므로 기회를 잡을 수 있었던 것이었어요. 그리고 이렇게 고민되는 순간에 의지할 수 있고 의견을 물어볼 수 있는 쏘쿨 님과 선배님, 동료, 후배님들이 있어서 얼마나 다행인지 모릅니다.

**한강을 산책하면서 즐기는 여유로운 저녁 시간!**

서초구에 입성하고 나서는 서울의 모든 지역을 금방 갈 수 있어서 강남 교통이 너무 편리하다는 것을 새삼 느끼고 있습니다. 퇴근 후에는 신선한 식재료를 사와서 요리를 하고 남편과 식탁에 마주 보고 앉아 함께 저녁식사를 하면서 하루를 마무리합니다. 특별한 것은 없지만 여유로운 저녁 시간을 보낼 때와 한강 바람을 맞으면서 산책할 때 정말 행복합니다. 이웃분들도 친절하고 서로 배려하고 지내요. 서울 한복판에 사는데도 동네가 조용하고 주변이 잘 관리된 공원에서 자연을 느낄 수 있답니다. 이전에는 당연히 제가 누릴 수 없다고 생각했던 것들을 이제는 매일 누리고 있기에 앞으로의 서초 생활이 더욱 기대됩니다.

이렇게 우리는 결혼한 지 1년 만에 서초구에 입성했습니다. 노원구에 있는 신혼집에 들어갈 때만 해도 이렇게 빨리 서초구로 갈아탈 수 있을지 상상도 하지 못했죠. 지방에서 올라와 무일푼으로 시작해 서울에 꼬마 아파트를 사고 '재테크 캠퍼스 쏘쿨스쿨' 동기와 결혼하면서 더블 인컴, 더블 레버리지, 더블 쏘졸('재테크 캠퍼스 쏘쿨스쿨' 졸업)의 힘으로 4년 만에 서초구에 자가를 마련하게 되었습니다.

이제 우리 가문의 출발점은 서초구입니다. 돈이 있다고 집을 살 수 있는 것도 아니고 돈이 없다고 집을 못 사는 것도 아닙니다. 할 수 있다는 의지와 믿음, 그리고 올바른 방향성을 잡고 꾸준히 나아간다면 누구나 이룰 수 있습니다. 이 글을 읽는 분들 모두 행복하고 안정적인 삶, 그리고 인서울 인강남을 진심으로 응원합니다.

**강남별 님 이야기**
## 캥거루족 출신 강남별의
## 서초구 내집마련기

로지 님과 결혼도 하고 서초구 한강뷰 아파트에 내집마련도 한 강남별입니다. 앞에서는 제 아내인 로지 님의 입장에서 서초구 한강뷰 아파트의 내집마련 과정을 소개했는데, 이번에는 남편인 제 입장에서 내집마련하는 과정을 풀어보려고 합니다.

저는 캥거루족이었습니다. 대학교를 졸업한 후에도 오랜 시간 공부만 했던 저는 부모님 집에 살면서 부모님이 사주시는 옷을 입고, 부모님이 해 주시는 밥을 먹으며, 빨래나 청소도 한 적이 없었죠. 이랬던 저는 저보다 먼저 재테크에 관심을 가지고 쏘쿨스쿨 초급반(내집마련 강의)을 수강한 친구의 소개로 내집마련 강의를 듣게 되었습니다. 하지만 강의를 들었음에도 당시 부모님 집을 나와 독립하면 돈을 모으기 힘들고 더 고생이라고 생각했습니다. 그리고 저는 부동산을 하나의 공부 대상으로만 바라볼 뿐이었고 내집마련에 대한 간절함이 없었습니다. 이렇게 부동산 공부를 한답시고 1년 가까이를 수도권, 시흥, 안산, 광명, 대구, 전주, 광주 등등 전국으로 임장을 다녔습니다. 그러나 내 집을 가지고 싶다는 마음조차 없었기에 부동산 사무실 한 번 들어가 본 적 없이 매주 전국을 유랑 다닐 뿐이었습니다. 뚜렷한 성과 없이 전국을 다니면서 시간과 비용을 쓰다 보니 어느덧 제 본업에도 타격이 오기 시작하면서 이런 생활이 적절한가에 대해 고민하게 되었습니다. 그러던 중 우연한 계기로 쏘쿨 님의 밥통 레이더에 걸려서 "업무와 병행할 수도 없는 지방 투자를 왜 하시냐?", "살지도 않을 동네를 왜 열심히 다니시냐?"는 조언에 지방 유랑을 멈추고 저에게 맞는 부동산 투자법이 무엇인지 다시금 생각해 보게 되었습니다.

## 나도 서울에 내집마련하고 싶다!

지방 유랑을 멈춘 저는 오랜만에 쏘쿨스쿨 동기였던 지금의 제 아내 로지 님, 같은 조 동기인 엘리 님과 함께 송파구와 강동구로 임장을 가게 되었습니다. 1년 만에 만난 동기들과 근황을 이야기하며 올림픽공원을 걷던 중 로지 님이 조심스럽게 이야기했습니다. "저 이번에 노원구에 제 집을 마련했어요." 이 말을 듣고 저는 큰 충격을 받았습니다. 같은 나이인데 벌써 서울에 내 집을 마련하다니! 같이 수업 듣고 임장 다녔었는데……. 제가 지방을 다니는 동안 제 동기는 서울에 내 집을 마련했다고 생각하니 저만 뒤처진 기분이었습니다. 이어서 옆에 있던 엘리 님도 "저도 곧 계약할 거 같아요!"라고 말하더라고요. 순간 지난 1년 동안의 제 모습을 반성했습니다. 그때 '나도 서울에 내 집을 마련하고 싶다.'라는 생각을 처음 하게 되었어요.

이후 저도 서울에 내 집을 마련하기 위해 서울을 돌아다니기 시작했습니다. 처음에는 송파구의 중급지를 보았지만, 부족한 자금과 급등하는 가격 때문에 강동구와 하남 등 점차 외곽으로 밀려나가게 되었죠. 반년 가까이 임장을 다녔지만, 매물을 눈앞에서 여러 번 반복해서 놓치다 보니 내집마련에 대한 의욕이 점차 꺾였습니다.

## 사람에도 인연이 있듯이
## 집에도 인연이 있다!

이렇게 점점 내집마련에 대한 의욕은 꺾였고 매수하고 싶은 집의 가격은 급등했습니다. 그러던 중 쏘쿨 님과 로지 님의 도움으로 노원구에 주변 실거래가 대비 저렴한 물건이 있다는 것을 알게 되었어요. 그때 보았던 물건의 평단가는 노원구 평단가보다 낮았습니다. 세입자 만기까지 기간이 남아있어서 당장은 전세를 끼고 사야 했지만, 제가 가지고 있는 자금 범위 안에서 충분히 감당할 수 있었습니다. 하지만 세입자가 집을 보여주지 않아 매수를 결정하기 어려운 물건이었습니다.

평소의 저라면 '이 물건은 지금은 못 사겠구나. 나중에 다시 약속을 잡고 와서 집을 보고 결정해야지.'라고 생각하면서 집으로 돌아갔을 겁니다. 하지만 쏘쿨 님의 조언과 로지 님의 도움으로 매수하려는 아파트를 꼼꼼하게 살펴보기 시작했습니다. 그러다가 현관문이 열린 집을 발견했는데, 로지 님이 선뜻 다가가서 이렇게 말하는 것이었어요.

"실례합니다, 사모님. 저희가 여기로 이사를 오려고 하는데요, 부동산에 갔더니 우리가 사려는 집은 지금 사람이 없어서 집을 볼 수 없다고 하더라고요. 올라오면 뷰라도 좀 볼 수 있을까 해서 왔는데요, 실례가 안 된다면 집을 좀 구경해 볼 수 있을까요?"

솔직히 저는 이렇게 말할 용기도 없었고 '집을 정말 보여줄까?'라는 의구심도 들었습니다. 하지만 처음에는 경계하시던 어머님도 신혼부부처럼 보이는 어린 커플이 이사 오고 싶다고 하니 서서히 경계를 푸시고 흔쾌히 집을 구경시켜 주셨습니다. 오히려 자식 생각나신다면서, 신혼부부가 고생이 많다고 하시면서 아파트의 장단점까지 친절히 설명해 주셨습니다. (당시 흔쾌히 집을 보여주시고 설명도 해 주신 어머님께 감사의 말씀을 전하고 싶네요!)

덕분에 세입자가 집을 보여주지 않았음에도 제가 매수하려는 아파트의 구조와 뷰를 파악할 수 있었고 저는 그날 바로 가계약금을 보낼 수 있었습니다. 반년 넘게 아무리 돌아다녀도 매수할 수 없었지만, 불과 몇 시간 만에 저와 인연인 집을 만나 서울에 등기를 칠 수 있었습니다. 이런 과정에서 인연이 되어 저와 로지 님은 결혼하게 되었고, 제가 매수한 첫 서울집은 우리의 신혼집이 되었습니다.

## 강남 3구에 나도 갈 수 있을까?

결혼 후에도 저와 로지 님은 인강남 내집마련 강의와 관련된 독서 모임에도 참여하고 동료들과 꾸준히 임장도 다녔습니다. 그러다가 동료 중 한 분이 잠실에 집을 매수했다는 이야기를 듣게 되었어요. 당시 잠실은 준신축에 정말 살기 좋은 동네였지만, 제가 감히 넘볼 수도 없는 가격이었죠. 그래서 그분이 너무 부러웠고 저도 언젠가 잠실에 가고 싶다고 생각만 할 뿐이었습니다. 하지만 얼마 후 다른 동료도 잠실에 집을 매수했다는 이야기를 듣게 되었어요. 이렇게 주변의 수많은 동료가 하나둘 잠실로, 역삼으로, 개포로 갈아타기에 성공하면서 강남 3구에 입성한 이야기를 듣다 보니 '나도 강남 3구에 갈 수 있을까?' 생각하게 되었어요. 그래서 먼저 입성한 선배님들께 조언을 구하며 나름의 자금 계획도 세우기 시작했습니다. 그리고 얼마 후 금리가 폭등하고 서울 전체가 하락하면서 잠실 아파트를 매수하기 위한 시도를 하게 되었어요. 잠실 아파트의 매매가는 여전히 높았지만, 노력한다면 감당할 수 있겠다는 생각이 들었고 '그런 나도 강남 3구에 갈 수도 있겠다!'는 꿈을 갖게 되었습니다.

### 집을 사는 게 어렵다고?
### 파는 게 1만 배는 더 어려워!

강남 3구에 가려면 현재 가지고 있는 노원집을 먼저 매도해야 했습니다. 처음 신혼집을 매수할 때는 매수가 어렵다고 생각했는데, 매도는 매수보다 훨씬 더 어려웠어요.

매수했던 시점과 달리 매도하던 시점은 부동산 분위기가 식어 매수하려는 사람이 거의 없었고, 많은 부동산에 매물을 올려놓았는데도 부동산에서 연락 오는 횟수는 뜸했습니다.

인강남 내집마련 수업 중에 매수보다 매도가 125배 이상 어렵다고 하셨는데, 제가 느끼기에는 1만 배 이상 더 어려웠습니다. 특히 매수할 때는 매도자(상대방)가 이미 정해져 있어 매도자의 상황에 맞춰 적절한 방법을 고민하면 되었는데, 매도할 때는 매수자(상대방)가 어디에 있는지, 누구인지, 원하는 조건이 무엇인지 등등 모든 것이 명확하지 않았죠. 상대방을 모르니 지금 내가 올려놓은 금액이 적절한 지, 여기서 가격을 더 내려야 하는 것인지, 지금 가격을 고수해도 되는지 등등 여러 가지 변수에 대해 판단하기조차 어려웠습니다. 뿐만 아니라 상대적으로 상급지에 있는 사람들은 벌써 매도하여 갈아타기에 성공했다는 소식이 들려오는데, 우리 집은 보러 오는 사람이 없으니 마음만 조급해졌습니다.

그래도 정말 다행인 것은 함께 쏘쿨스쿨을 졸업한 로지 님이 옆에 있었다는 거예요. 두렵고 조급한 마음이 들 때마다 "조급해 하지 말고 우리 집이 될 거면 어떻게 해도 될 것이고, 안 될 거면 어떻게 해도 안 될 거야."라면서 서로를 진정시키곤 했습니다. 조급한 마음을 다스린 후에는 청소를 하고, 사진과 동영상을 보기 좋게 촬영하고, 전단지를 돌리는 등 매수자가 우리 집을 매수하고 싶게 만들기 위한 다양한 방법을 함께 고민했습니다.

### 드디어 찾아온 매도 기회!

우리 집의 매도 기회는 갑자기 찾아왔습니다. 몇 달 전에 우리 집을 보고 갔던 신혼부부가 ○천만 원을 깎아주면 집을 매수하고 싶다는 의사를 밝혔습니다. 이 말을 듣자마자 저는 '드디어 나에게도 매도 기회가 찾아왔구나! 이건 당장 매도 계약서 작성해야 해!'라고 생각했습니다. 조급했죠. 쏘쿨 님께 조언을 구했더니 그 정도 입지에 그 정도 인테리어인데, 그렇게까지 깎아서 파는 건 손해라고 말씀해 주셨습니다. 이 말을 들었을 때 저는 마음이 너무 힘들었습니다.

'하루 빨리 매도하고 강남 3구로 갈아타고 싶은데…….'
'진짜 오랜만에 온 매수 손님인데, 가격을 올렸다가 계약 안 하고 간다고 하면 어쩌지.'

이런 생각으로 두려운 마음이 들었습니다. 하지만 24년 차 부동산 투자자 쏘쿨 님의 조언에는 다 이유가 있다고 생각한 후 저는 용기를 내어 매매가를 고수했습니다. 부동산 사장님께 전화해서 "그 가격에는 안 돼요. 얼마 전에 팔린 저층 물건 가격과 거의 비슷한데, 거기는 수리도 안 되어 있고 층도 안 좋았잖아요. 우리 갈아타기하려면 그렇게까지 깎아드리기는 힘들어요. 오히려 좀 더 올려야 합니다."라고 말하며 단호하게 금액을 올렸습니다. 역시나 가격을 올리니 매수자분도 당장 계약을 보류하셨습니다.

그렇게 며칠이 지났고 부동산 사장님으로부터 다시 연락이 왔습니다. "올린 금액 전부는 어렵고 조금만 더 올린 가격으로는 어때요?" 이 말을 듣고 무척 놀랐습니다. 만약 제가 조급한 마음에 쏘쿨 님의 조언을 무시하고 매수자가 요구한 대로 계약했다면 수천만 원은 더 싸게 매도해야 했을 겁니다. 그러면 다음 갈아타기에도 지장이 있었을 텐데, 조급한 마음을 버리고 차분하게 대응하니 생각했던 것보다 좀 더 높은 가격에 매도할 수 있었습니다. 이렇게 우리는 1년 만에 신혼집을 매도했습니다.

## 어느새 내 손에
### 강남 아파트 등기부등본이 들어오다!

신혼집 매도를 진행하면서 틈틈이 강남 3구 매물도 꾸준히 탐색했습니다. 맨 처음에는 잠실만 생각했지만, 인강남 내집마련 강의를 수강한 후 역삼동, 반포동, 잠원동 등 다른 지역도 임장 다니면서 여러 후보 단지를 선정했고 선정한 단지의 매물을 수시로 체크했습니다. 출근하고 업무를 시작하기 전 집중력이 부족한 아침 시간에, 점심 먹고 사무실로 들어와서 졸릴 때, 업무에 집중이 잘 안 될 때, 퇴근하기 전에, 기분 전환이 필요할 때 등 생각날 때마다 '네이버 부동산'에 들어가서 오늘은 어떤 새로운 매물이 나왔나, 기존 매물들은 아직 거래가 안 되고 살아있는지를 계속 살펴보았습니다. 나중에는 로지 님이 제발 적당히 좀 보라면서 과하다고 지적할 정도였죠.

그러던 중 잠원동에 새로운 물건이 '네이버 부동산'에 올라왔습니다. 해당 단지는 제가 몇 달 전에도 방문했던 단지로, 당시에는 층이 낮아 '조금만 더 높은 층이면 좋겠다. 그러면 한강뷰도 보이고 햇볕도 훨씬 잘 들어올 텐데~.'라고 생각했던 단지였습니다. 그런데 이번에 올라온 매물은 층도 괜찮고 가격도 저층 가격에 올라와 있었습니다. 이 매물을 보자마자 '이거다!'라는 생각이 들었습니다. 몇 달째 꾸준히 주변 시세를 살펴보고 실거래 상황을 파악하면서 주변 단지들의 동향을 알고 있어서였을까요? 보자마자 느낌이 확 왔습니다. 저는 바로 로지 님에게 좋은 매물이 올라왔음을 알렸고 로지 님도 괜찮을 거 같다는 말에 바로 다음 날 연차를 쓰고 부동산으로 달려갔습니다. 막상 현장에 도착했지만, 바로 매물을 볼 수 없었어요. 그래서 우리는 계단에서 대략적인 뷰를 살펴보고 다른 매물을 통해 구조를 파악한 후 8시간의 사투 끝에 가계약금을 쏘고 집으로 돌아왔습니다. 제가 부동산에 앉아 사장님과 지금까지 배워온 아이스 브레이킹(ice breaking, 새로운 사람을 만났을 때 어색하고 서먹서먹한 분위기를 깨뜨리는 일) 스킬을 총동원하여 시간을 끌었고 그 사이에 로지 님은 쏘쿨 님뿐만 아니라 인근에 실거주 중인 선배들과 소통하며 디테일한 부분까지 체크했기에 과감하게 매수를 결정할 수 있었습니다.

### 서초에서의 행복한 신혼생활, 여러분도 할 수 있습니다!

이렇게 우리는 결혼한 지 1년 만에 서초구에 입성할 수 있었습니다. 어느덧 제가 서초구에 거주한 지도 1년이 넘었어요. 월급의 대부분이 원리금으로 나가고 있지만, 로지 님과 함께 절약하며 주변 환경을 누리며 너무 만족스럽게 살고 있습니다. 한강, 마트, 국립중앙도서관, 고투몰, 신세계백화점, 가로수길을 이용하는 등 서초구에는 편리한 인프라가 많을 뿐만 아니라 생각보다 저렴하면서도 퀄리티가 좋은 상품이 많아 생활비를 크게 절약할 수 있었습니다. 게다가 시간이 흐르면서 저와 로지 님의 급여가 올라 작년보다 좀 더 여유 있게 생활할 수 있게 되었어요. 밖에서 볼 때는 두려운 마음이 컸지만, 막상 이너 서클(inner circle, 조직 안에서 내부 조직을 형성하여 실질적 권력을 점유하고 절대적인 영향력을 행사하는 소수 핵심

층)로 들어와 보니 충분히 감당할 수 있을 뿐만 아니라 진작 들이오지 못한 게 오히려 아쉬웠습니다.

저도 처음 부동산 공부를 시작했을 때는 강남 3구는 그들만의 리그이고 전 그 안에 속할 수 없다고 생각했습니다. 하지만 간절한 마음을 가지고 꾸준히 노력하다 보니 강남 3구에 입성할 수 있었습니다. 간절하게 원하신다면 여러분도 하실 수 있습니다. 이 글을 읽는 분들이 좀 더 용기를 내어 인서울 인강남하시기를 진심으로 응원합니다.

인테리어까지 끝내고 서초 입성!

**05**

# 지방 아파트 5채, 서울 아파트 1채 매도 후 강남에 내집마련 성공!

바모스 님

무주택

## 내 집은 전세로, 실거주는 월세로!
## 지방 아파트 5채, 서울 아파트 1채 투자!
## 그러나 역전세를 맞다

2015년 결혼과 함께 신혼집을 알아보던 중 매매와 전세를 고민하다 동전 던지기 하듯 매매를 선택했습니다. 이렇게 매매로 샀던 아파트는 운이 좋게도 몇 년 후 가격이 제법 올랐고 우리 부부는 더 좋은 지역으로 갈아타기를 했습니다. 당장 입주할 수 없는 전세 낀 집을 매수하게 되었죠. 다른 집보다 가격이 싸서 월세로 잠깐 살다가 들어갈 생각으로 샀습니다. 별생각 없이 시작한 월세살이였지만, 투자하기에는 좋은 환경이었어요. 내 집은 전세 주어 깔고 앉은 돈을 최소화해서 투자할 수 있었기 때문이었죠. 경매와 부동산 강의를 수강하면서 전국 곳곳을 다니며 지방 투자를 하게 되었습니다. 하지만 지방 투자를 한답시고 매주 지방으로 임장을 다니면서 갓 태어난 아이를 볼 시간이 없었어요. 게다가 가족의 미래 행복을 위해 현재 행복을 담보로 가족에게 기다림과 희생을 요구하기도 했습니다.

## '실거주 내집마련'할 때
## 왜 중요한 것을 놓쳤을까?

그렇게 1채, 2채 지방 아파트를 사 모으다 보니 집이 6채나 되었습니다. 폭등하던 지방 아파트 시장 속에서 소위 '경제적 자유'를 꿈꾸기도 했고 모든 지방 아파트가 동시에 역전세를 맞을 때는 파산의 공포를 느끼기도 했습니다. 그러던 중 2023년 여름에 인강남 내집마련 강의를 수강하게 되었습니다. 지방 투자는 나름 해 봤으니 수도권 투자를 해 보겠다는 마음으로요. 그런데 강의를 듣다 보니 단순히 수도권 투자의 문제가 아님을 깨닫게 되었습니다.

'수도권 vs 지방 중 어디가 수익률이 높나?'
'어디에 투자해야 더 벌 수 있나?'
'어떻게 해야 빨리 경제적 자유를 얻을 수 있나?'

이렇게 돈과 숫자, 엑셀을 논하고 있을 때가 아니었습니다. 저는 가장 중요한 것을 놓치고 있음을 깨달았습니다. 그것은 '실거주 내 집마련'이었죠. 부자가 되기 전에 저와 제 가족의 안전과 행복이 보장되는 환경에 내 집을 마련하는 것이 우선임을 깨닫게 되었습니다. 슈퍼맨처럼 바지를 먼저 입고 그 위에 팬티를 입고 있었으니 시작부터 순서가 잘못된 거였죠.

저는 지방에서 태어났고 수능 성적이 좋아 인서울 대학교에 합격할 수 있었지만, 영토 본능으로 지방대에 장학금을 받고 입학했습니다. 절대로 대출은 받아서는 안 되고 빨리 갚아야 한다는 부모님의 가르침 속에 스스로 켜켜이 쌓아놓은 유리천장 속에서 나오지 못했어요. 열심히 하면 행복한 미래가 있을 거라는 막연한 생각 속에 어디로 가는 줄도 모르고 그냥 앞만 보고 달렸습니다. 그런데 인강남 내집마련 강의를 듣고는 제 과거가 무척 후회스러웠습니다. 그리고 과거를 부정하고 스스로를 용서하는 과정이 참 힘들었어요. 그동안 제가 꿈꾸던 목표를 위해 희생했던 모든 것이 너무 미안했거든요. 결국 다시 마음을 바로잡은 후 새롭게 다짐하고 실천하면서 원하던 좋은 결과를 이루고 나니 미래뿐만 아니라 과거도 아름답게 변하게 되네요.

매도를 결심한 후 2개월 만에 지방 아파트 4채를 매도했고 이후

2개월 만에 마지막 지방 아파트 1채를 매도했습니다. 그리고 2주 만에 살아보지도 못한 서울집을 매도하고 바로 이틀 만에 강남 아파트를 매수했습니다. 확신이 있었기에 순서대로 고민 없이 해낼 수 있었습니다. 지난 6개월 동안 제게, 그리고 우리 가족에게 정말 많은 변화가 생겼어요. 어디로 가는지도 모르고 열심히만 살아왔는데, 새로운 삶의 방향을 정할 수 있었습니다. 이전에는 망망대해를 떠도는 느낌이었다면 지금은 목적지가 뚜렷하게 보이고 확신이 듭니다. 저, 아내, 3살 된 딸 모두 그 어느 때보다 행복한 가정을 만들어가고 있습니다.

 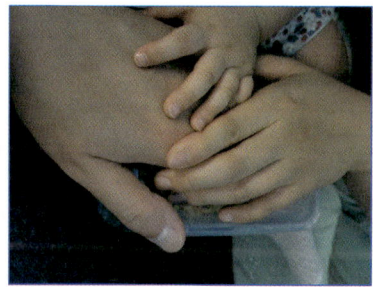

새로운 방향을 정하고 더욱 행복한 가정을 만들고 있는 우리 세 가족!

## 강제 미라클 모닝 도봉구 라이프 vs
## 여유만만 인강남 라이프

꿈에만 그리던 인강남 라이프! 인강남한 지 아직 몇 달도 채 안 되었지만, 이전과는 달라진 수많은 변화를 매일 체감하면서 살고 있습니다. 이전 도봉구에 거주할 때는 평일 아침에 콩나물시루처럼 갑갑한 1호선 지옥철이 싫어서 2시간 빨리 출근길에 올랐습니다. 덕분에 강제 미라클 모닝이 일상이었죠. 하지만 강남구에 거주하면서부터는 아침 출근 전에 눈에 넣어도 아프지 않을 토끼 같이 예쁜 딸과 아침 인사를 하고 책도 몇 권 읽어준 후 출근길에 오를 수 있게 되었습니다.

과거에는 아주 늦은 시간 외에는 언제나 사람들로 가득한 1호선 지하철을 타고 퇴근했어요. 하지만 지금은 강남구에서 출발하여 사람들이 몰리는 역방향으로 출퇴근을 하므로 어느 시간대에 지하철을 타도 사람들이 많지 않은 쾌적한 역방향 출퇴근 라이프를 누리고 있습니다. 과거에는 큰마음을 먹고 시간 내서 가야 했던 곳들이 이제는 소위 '슬리퍼세권'이 되어서 어느 때든 가고 싶은 마음이 들면 편하게 갈 수 있게 되었어요. 아이가 좋아하는 회전목마를 타러 놀이공원에도 수시로 다니고 백화점 갈 일이 생겨도 금방 다녀올 수 있습니다. 질 좋은 식재료가 가득한 마트도 아주 가까이에 있어요.

지금 사는 강남은 아이 교육을 위해서도 선택권이 정말 많은 곳입니다. 그래서 어떤 곳에서 어떤 교육을 시키면 좋을지 행복한 고민을 해야 하는 상황입니다. 생활하면서 필요한 모든 상권도 주변에 없는 것이 없더라고요. 그렇다고 물가가 비싸지도 않으니 시간적으로도, 금전적으로도, 심리적으로도 모든 면에서 여유롭게 생활할 수 있게 되었어요. 이사 온 후에는 엘리베이터를 타고 내릴 때도, 버스를 타고 내릴 때도, 식당에서도, 길에서도 친절이 몸에 배어 있는 이웃들과 서로 나눔과 양보를 하고 조금씩 배려하는 행동 하나에도 감사하면서 살고 있습니다. 좋은 이웃을 만나는 것만으로도 긍정적인 자극을 받고 있습니다.

과거 내집마련을 결심하기 전에 가장 많이 고민했던 부분은 내집 마련한 후에 전세금을 많이 받아 그 돈으로 재투자하는 것이었습니다. 그래서 가족과 월세살이를 전전하면서 실거주 비용은 최소화하고 지방에 투자하고 있었죠. 하지만 이렇게 내 집을 마련해서 실거주하고 살아보니 지금은 월세보다 대출 이자가 더 많이 나가도 실거주의 가치가 그 비용보다 훨씬 값어치 있음을 깨닫게 되었습니다. 특히 강남에 내 집을 마련해서 살아보니 성장을 위해 노력하는 사람들이 가득한 환경, 그 속에서 느낄 수 있는 저와 제 가족의 행복, 그리고 더 나아가 좋은 환경과 사람들이 가져다주는 물리적, 심리적 안정감을 경험하는 것이 너무 좋습니다. 그리고 이곳에서는 현재가 행복하고 더 나아가 이 행복이 미래까지 이어진다는 확신을 갖게 되었습니다.

## 여전히 대출도, 이자도 많지만…

지방에 투자하면서 소유하는 집들이 1채, 2채 늘어나는 만큼 부채도 함께 늘어났습니다. 물론 늘어나는 부채 리스크에 대한 공포도 함께 커졌고요. 나름 대비한다고 별의별 대비 방법을 다 마련해 봤지만, 수요가 없는 시장 분위기 속에서 지방은 더욱 리스크 관리가 어렵다고 느꼈습니다. 사실 강남에 내 집을 마련한 후 이전에는 상상하지 못했던 큰 금액을 대출받아 대출 이자를 많이 내고 있습니다. 어떻게 보면 지방 투자할 때처럼 리스크는 여전히 있는 것입니다. 하지만 리스크 관리 측면에서 봤을 때는 훨씬 더 좋아졌어요. 갭투자로 인한 역전세와 공실의 두려움 없이 오직 절약하고 월 소득을 늘리기 위해 노력하면서 실거주 내 집을 지키기 위한 대비만 하면 되니까요. 직접 강남에 들어와서 살아보니 이곳에 내 집을 마련하는 것은 선택이 아닌 필수라는 생각이 듭니다. 여러분도 총력을 다해 큰 태양 만들기, 강남에 내집마련 하시기를 기원합니다.

## 06

# 대전 출신 → 반포에 내집마련 성공! 실거주 가치를 마음껏 누리다

미나리 님

∴ 머리말 ∴

## 정말 좋은 집을 살아봐야 실거주 가치를 알아요

제가 내집마련 경험은 많지 않지만, 여러 분과 비슷하게 고민했던 부분을 함께 공유해 보고 경험담을 나눠보려고 합니다. '실거주 가치'라는 말을 많이 들어보았을 겁니다. 그런데 실거주 가치가 무엇인지 정말 잘 알고 있나요? 저는 인강남 내집마련 강의를 수강할 때 '실거주 가치를 누려야 한다.'는 말이 무슨 말인지 잘 모르겠더라고요. 머리로는 '좋은 곳에 거주하면서 거기서 오는 인프라를 누리는 기회' 정도로 이해하겠는데, 솔직히 그 말이 크게 마음에 와닿지는 않았어요. 아무리 옆에서 맛있다고 알려줘도 찍어 먹어보지 않으면 맛을 모르는 것처럼요.

제 이야기를 조금 해 볼게요. 저는 청소년기까지 대전에 살다가 대학생이 되어 서울에 올라왔어요. 그리고 서울에 올라와서는 그럭저럭 나쁘지 않은 동네에서 살아왔다고 생각했습니다. 아파트 단지가 재건축되어 신축 아파트에서 살 때 아파트 단지 안은 깨끗하니까 살기 괜찮았고(하지만 노숙자님들 즐비~ ㅜㅜ), 재건축 예정인 주공아파트는 노후했지만, 그래도 직주근접이니 괜찮다고 생각했어요. (쓰레기소각장이 집 근처에 있어서 매일 알레르기를 달고 살았네요.) 당시의 저는 '케세라세라' 하면서 현재의 실거주에 만족했으므로 (지금 생각해 보면 정신 승리, 그리고 무지함 ㅜㅜ) '강의에서 말하는 실거주 가치가 뭐지?'라는 의구심이 들었습니다.

그러던 저는 인강남 내집마련 강의를 수강했던 2023년 가을, 추석 연휴 직전 일요일에 반포 아파트 매물을 잡아 가계약을 했습니다. 그리고 지금은 인테리어를 끝내고 입주한 지 대략 1년이 되었습니다. 아직도 이 동네에 적응중이지만, '실거주 가치'라는 게 무엇인지 이제야 몸으로, 마음으로 직접 느끼고 있습니다. 그리고 몇 가지 부분을 여러분과 꼭 공유하고 싶었어요.

## 집은 곧 사람이다!

인강남 내집마련 강의를 들을 때 강사님도 계속

강조해 주셨던 부분이죠.

"집은 곧 사람이다!"

저는 반포에 와서 '부자'에 대한 선입견을 완전히 버렸습니다. 이곳 커뮤니티센터에서 운동하는 입주민들의 복장을 보면 하나같이 다 수수합니다. 어떤 분들은 향우회나 어디 행사에서 나눠주는 옷을 입고 운동하십니다. 저만 외국 브랜드 운동복을 입고 운동하는 게 좀 민망하더라고요. 그러면서 자녀 유학이나 미국 영주권과 같은 주제로 대화하세요. 하루는 커뮤니티센터의 카페에서 아버지와 초등학생으로 보이는 아들의 대화를 우연히 듣게 되었어요.

"돈을 많이 버는 것은 절대로 쉬운 일이 아니야. 직업이 되었든 뭐든 쉬운 일은 하나도 없어."

이렇게 말씀하시는 아버지의 모습에서 참 겸손하고도 배울 점이 많다는 생각이 들었어요. 중장년층분들도 산책로에서 러닝을 많이 하시고 허리가 굽은 분들도 거의 없습니다. 올바른 자세를 하려고 많이 노력하세요. 그리고 아이들도 어쩌면 저렇게 길쭉길쭉한지 소아비만인 아이들이 거의 안 보입니다. 이전에 살았던 아파트에서는 부부싸움 소리 때문에 단지 안이 시끄러웠는데, 이곳은 참 조용하고, 평화롭고, 한적하고, 안전합니다.

입주민들은 대체적으로 매너가 좋으시고 생각이 바르세요. 일례로 어느 입주민께서 다른 노신사 입주민께 무언가의 행동을 지적하셨는데, 그 노신사께서 전혀 기분 나빠하지 않으시고 몰랐다면서 너무 죄송하다고 바로 인정하고 사과하시더라고요. 날이 서 있는 동네였다면 싸움이 날 법한 상황이었는데, 이 광경도 저에게는 무척 신선한 경험이었습니다.

### 에너지가 충전되는 곳, 반포!

입주민들의 여유로운 표정을 계속 보다 보니 저도 거울 치료처럼 은연중에 표정을 온화하게 짓게 됩니다. 단지 안에서도 남을 힐끗힐끗 쳐다보는 사람이 거의 없고 오로지 본인에게만 집중하고 스스로를 챙기는 모습을 많이 봅니다. 이런 점들이 알게 모르게 저에게도 많은 영향을 주고 있습니다. 거주지를 옮긴 것만으로 저에게 다가오는 에너지는 너무나 다릅니다.

이 동네에 처음 임장 왔을 때 거주민으로 보이는 사람들에게서 느껴지는 위화감이 정말 컸어요. '이 사람들은 도대체 뭐 하는 사람들이길래 여기서 이렇게 평화롭고 여유롭게 살고 있을까?' 하는 생각을 했어요. 그런데 1년이 지난 지금 저희도 어느새 그 속에 녹아들어 잘 살고 있습니다. 저희는 이 동네를 더욱 사랑하게 되었고 주변의 모든 것에 감사하면서 살고 있습니다. 세상에 감사할 일이 참 많다고 느껴지니 제 마인드도 많이 성장했다고 생각합니다. 남편도, 저도 하루빨리 이렇게 좋은 동네에 들어와 실거주하게 된 것이 참 행복합니다. 입주 전에는 거주 비용 부담이 크게 느껴졌지만, 1년이 지난 지금은 오히려 저희가 내는 거주 비용이 이 동네의 인프라를 누리기에 적당하고 합리적인 비용이라는 생각이 들어요.

어느덧 저희 부부가 이곳으로 입주한 지 1년이 다 되어 갑니다. 그동안 저는 그야말로 '집순이'가 되었답니다. 집이 제일 재미있고 어느 호텔보다도 가장 아늑하고 편안해요. 이전에는 휴일이나 주말마다 집에 있는 것이 답답해서 숲으로, 강으로, 바다로 어디든지 돌아다녔어요. 틈만 나면 해외 항공권을 검색하는 것이 취미였고요. 그런데 반포 아파트에 입주하고 나서는 단지 안의 산책로만 걸어도 스트레스가 풀리고 탁 트인 한강 변을 걸으면 마음이 진정됩니다. 평온한 집에서 독서도 하고 공부도 합니다. 저희 집과 근처의 인프라만 누려도 해방감과 편안함을 충분히 느끼고 있습니다.

## 모든 게 다 있는 편리한 인프라!
## 돈보다 더 값진 시간 절약

이 동네에 있는 상점, 병원, 식당은 서비스가 별로거나 퀄리티가 떨어지면 알아서 자멸하는 구조인 것으로 보입니다. 이전에는 물건을 살 때 온라인몰뿐만 아니라 오프라인 매장에서도 당연히 가격을 비교해 보곤 했어요. 하지만 지금은 이렇게 온라인 커머스 업체가 많아도 집 앞의 킴!스!클!럽! 하나로 모두 해결합니다. 온라인 커머스 업체에서 쿠폰 받고 적립금 받고 뭐 해도 그냥 킴스클럽에서 한방에 필요한 것들을 담아서 사는 게 가격이 비슷하거나 싸더라고요. 그리고 그동안 물건을 사려고 여기저기 검색하는 행위 자체가 엄청난 시간 낭비였음을 이제야 알게 되었습니다. 굳이 제가 가격을 비교하지 않아도, 또는 물건끼리 비교하지 않아도 알아서 좋은 것들이 엄선되어 마트에 들어와 있어요. 미용실 같은 경우도 청담동에서 유명한 미용실들이 여러 개 들어와 있어서 아무 곳에 가서 머리를 해도 마음에 든답니다. 필라테스 학원도 강사 역량에 따라 수업의 차이가 너무 큰데, 여기는 제 필라테스 10년 경험 중에서 최고의 강사가 가르쳐 주십니다. (특별히 강사를 검색하고 선택한 것도 아니었어요.) 제가 반포에 살면서 내는 금융 비용에 이런 시간 절약 부분까지 포함되어 있으므로 절약한 시간 동안 다른 발전적인 일을 할 수 있게 되는 것이죠.

주변 인프라도 정말 좋습니다. 가까이에 가톨릭대학교 서울성모 병원이 있어서 아파도 걱정이 안 되고 지방에 계신 부모님께서도 본인들이 아프시면 신세 좀 지겠다고 하셨어요. 쇼핑하기 너무 편리한 신세계백화점 강남점, 문화생활을 할 수 있는 예술의전당, 그리고 자연을 느낄 수 있는 반포 한강공원과 몽마르뜨공원, 서리풀공원이 아주 가까이에 있습니다. 많은 분이 저희 집이 고속터미널역과 가까워서 교통체증이 심하지 않냐고 물어보시는데, 편리한 교통 인프라가 아주 가까이에 있어서 굳이 차를 끌고 나갈 필요가 없고 모두 도보로 이용할 수 있습니다. 그리고 지금 살고 있는 아파트는 지하 주차장에 4개의 게이트가 있는데, 서로 다른 방면으로 뚫려 있어서 입주민들은 지상의 교통체증을 크게 느끼지 않습니다.

아름다운 야경을 볼 수 있는 반포 한강공원

요즘 반포 한강공원에서 무지개 분수쇼를 하는데, 남편과 산책하면서 함께 감상했어요. 그랬더니 남편이 "여보, 우리 성공한 느낌이야. 감개무량하다!"라고 말하더라고요. 저도 남편도 성공을 위해 나름 열심히 살아왔지만, 이 동네에 들어와서 살게 된 것이 저희에게는 가장 큰 뿌듯함이자 기쁨입니다. 저희 집이 얼마나 좋은지 남편하고 대화할 때마다 슬며시 미소를 짓게 됩니다.

이런 실거주 가치를 놓치고 싶지 않아서 더욱 악착같이 반포에서 버티자고 마음먹었습니다. 이제 겨우 1년 거주한 저희도 이런 생각을 하는데, 평생 여기에서 살아온 분들은 이런 마음이 더 크겠죠? 그래서 이렇게 편리하고 멋진 동네를 대대손손 물려주고 싶을 거예요. 사실 실거주의 가치는 그 맛을 봐야 알게 되는 것 같습니다. 그런데 확실한 것은 누구나 맛있다고 하는 건 정말 맛있는 겁니다.

저희가 이전에는 집을 알아볼 때 '직주근접'을 최우선으로 했는데, 직주근접만 기준으로 집을 샀다면 많이 후회할 뻔했습니다. 입지가 좋은 곳에서 회사로 가는 길은 오히려 더 쾌적합니다. 출퇴근 시간에 붐비는 길 대신 남들과 반대로 다니니까 훨씬 한적하게 다닐 수 있어요. 남편은 출퇴근 시간이 더 길어졌는데도 출퇴근길이 쾌적하니까 더 다닐 만하다고 하네요. 다음 제 남편의 찐 후기를 읽어보세요.

## 직주근접을 외치던 남편의
## 반포 실거주 찐후기

저는 주거지와 직장의 근접성이 중요하다고 생각해서 반포는 매물 리스트에 넣지 말자고 강하게 주장했습니다. 그랬던 저인데, 지금은 사람들이 저에게 거주지를 묻는 질문이 제일 반갑네요. 하핫!

반포에 이제 겨우 1년 정도 거주했지만 정말 만족감이 큽니다. 물론 직장은 멀어졌지만, 출근할 때는 교통 중심지에서 외곽 방향으로, 퇴근할 때는 외곽에서 교통 중심지 방향으로 다니므로 오히려 사람도 적고 무척 여유롭습니다. 그리고 조금 피곤해도 집에 들어오면 에너지를 더 많이 얻는 느낌입니다. 깔끔하게 조성되어 있는 단지 안의 산책로를 걷거나 뛰기만 해도 일상의 에너지가 충전되는 기분이고 사계절의 변화도 온몸으로 느낄 수 있습니다. 단지 안에서 마주치는 입주민들의 평화롭고 활기찬 모습을 보면 제 기분도 같이 동화되는 것 같습니다. 반려동물들의 모습조차 여유로워 보입니다. 아내도 이곳에 와서 제자리를 찾은 것처럼 표정이 편안해 보이고 밝아져서 제 마음도 함께 편해집니다.

식당이나 마트 어디를 가도 서비스와 퀄리티가 좋고 주변에 편리한 편의시설과 인프라가 넘쳐 도보로 이 모든 것을 누릴 수 있다는 점이 참 좋습니다. 퀄리티 있는 한 끼 식사를 부담 없는 가격으로 이용할 수 있는 식당도 많고 반대로 기념일에 갈 만한 고급 레스토랑도 아주 가까이에 있어요. 저녁 회식이나 친구와의 약속도 교통 중심지 근처에서 잡히니 개인적으로는 시간과 에너지가 절약되어 참 좋습니다.

 그래서인지 앞으로 이 삶을 계속 유지하는 것이 무척 중요하다는 생각이 듭니다. 이곳에서 지낼수록 이 삶을 오랫동안 유지하고 누리고 싶다는 생각이 강해져서 힘든 일이 있어도 더 열심히 살게 되네요. 저희는 일상의 크고 작은 어려움을 빠르게 극복할 수 있는 힘과 에너지를 이 집에서 받고 있답니다. 여기까지의 저희 경험담이 도움이 되기를 바라며 마지막으로 언제 봐도 뿌듯한 우리 아파트 단지의 봄, 여름, 가을, 겨울 사진을 남기고 이만 물러나겠습니다.

**반포 아파트의 봄, 여름, 가을, 겨울 사진**

# 내 집 앞이 올림픽공원! 밥통의 야생 경험과 상급지 매수기

우주파 & 맘제이 님

∵ 우주파 & 맘제이 님 ∵

안녕하세요? 우주파 & 맘제이 부부입니다. 저희는 평범한 3인 가족으로, 2023년 인강남 내집마련 강의를 처음 수강하고 내 집을 마련할 수 있었습니다. 저희 경험담을 읽고 조금이라도 용기를 얻는 분들이 있었으면 좋겠습니다.

## 수도권 신도시에 내 집을 분양받다

저는 경기도 신도시에 분양받은 아파트 1채가 있었습니다. 2013년으로 거슬러 올라가 인강남 내집마련 강의를 듣기 전에는 부동산에 대해 아는 게 전혀 없었습니다. 제가 지방에서 근무하던 시기였는데, 본가가 있던 곳과 멀지 않은 신도시에 미분양이 많다는 신문 기사를 보게 되었습니다. 부모님 집이 있었지만, 언젠가는 수도권 신도시에 살기만 해도 좋겠다는 꿈을 꾸던 시절이었어요. '미분양' 단어에 꽂혀 수도권에 살고 싶다는 소망과 저도 부동산 투자를 해 보겠다는 호기로, 그동안 지방에서 근무하며 열심히 모아둔 목돈을 들고 대출 계획도 없이, 현장 방문은 하지도 않고 모델하우스만 딱 두 번 가보고 덜컥 계약을 했습니다. 신도시니까 가격은 올라갈 것이니 투자 면으로나 제가 직접 들어가서 살 수 있다는 실거주 면으로나 모두 다 OK!였죠. 당시 분양받은 아파트는 '공공임대'라는 명목으로 5년간 임대로 살고 계약했던 금액 그대로 5년 후에 내 집으로 분양을 받을 수 있다는 조건도 마음에 들었어요. 분양팀의 언변에 시원하게 넘어갔죠. 그때만 해도 '수도권에 내 집이라니!' 이렇게 설레는 마음뿐이었습니다. 너무 기쁜 나머지 공사 현장에도 가서 분양받은 14층까지 허락받고 계단을 직접 걸어서 올라가 보기도 했습니다.

계약하고 나서 임대로 살다가 5년 후 분양을 받게 되어 진정한 내 집을 갖게 되었습니다. 그사이 결혼도 했고, 분양받은 아파트가 있는 수.도.권.으로 이직도 성공했으며, 천사 같은 아이도 생겼습니다. 너무 행복하다고 생각한 신도시 라이프였습니다. 그러나 코로나19 때문에 상황이 많이 바뀌었습니다. 제가 일하던 분야가 코로나19의 영향을 가장 빠르게, 가장 크게 받으면서 입사 후 '슈퍼루키상'까지 받았던 저는 회사의 인원 감축 대상이 되었습니다. 그래도 내 집이 있다는 사실에 안도감이 들었습니다. '내 집이 주는 안정감이 이런 거구나!'를 느낄 수 있는 시간이면서 동시에 '자본주의 세상에서 일만 열심히 한다고 되는 게 아니구나!', '재테크를 해야겠다.', '경제 공부를 해야겠다.'라고 깨닫는 계기가 되었습니다.

## 왜 우리 집이
## 20~30년 차 구축의 전셋값밖에 안 되지?

몇 달 후 운 좋게 새로운 직장으로 이직할 수 있었습니다. 그동안 부동산의 입지는 생각하지도 않고 살았어요. 하지만 이직한 직장이 신도시 아파트에서 출퇴근 편도 2시간씩 걸리는 곳에 있었는데, 그곳이 경기권에서 학원가로 유명한 곳이었습니다. 6개월 출퇴근을 하고 직장이 괜찮으면 근처로 이사를 가겠다고 생각했는데, 다행히 직장은 마음에 들었습니다. 6개월 후 신도시 아파트는 절대 매도할 수 없다고, 나중에 큰 자산이 될 거라고 믿으면서 전세를 주고 1기 신도시에서 우리도 전세 실거주를 시작했어요. 그런데 여기서 이상함을 느꼈습니다. 우리 집은 신도시에 있는 신축인데, 이 동네에 오니 우리 집 매매가가 20~30년 구축의 전셋값밖에 안 되네? 이게 뭐지?

이때부터 부동산에 관심을 갖고 투자와 재테크를 공부하기 시작했습니다. 어느 팟캐스트에서 월급쟁이 직장인을 부자로 만들어준다기에 온라인 강의도 수강했습니다. '아하! 챗수를 늘려야 하는구나!', '착착 전세만 돌리면 2년마다 목돈이!'라며 강의도 듣고 열심히 공부했어요. 아직은 새로운 직장에 적응하면서 자리를 잡아야 하는 시기였는데, 몰래 임장 보고서◆도 썼습니다. 회사 생활은 유지만 하라고 해서 일은 적당히 하고 임장 보고서를 쓰는 바쁜 생활을 했고 주말에는 부동산 임장을 갔습니다. 비행기나 KTX를 타고 기회가 있다는 지방으로 다니면서 숙박도 했어요. 교통비와 숙소 비용이 많이 발생하니까 식사는 편의점 컵라면이나 김밥으로 대신하고 열심히 걸었습니다. 누가 누가 많이 걷나 내기하듯이…….

"다주택자 포지션으로 가려면 좋은 걸로 모으셔야죠."
"깔고 앉아 있는 돈을 최소화하고 지방에서 불러 오셔야죠."
"자산을 재배치하셔야죠."

이와 같이 지방 투자 강의에서 들은 가르침대로 애지중지 가지고 있던 신도시의 1주택 아파트를 매도하기로 마음먹었습니다. 지방에

---

◆ **임장 보고서**: 특정 지역의 개발 계획서, 도시 계획 등 호재 정보 및 해당 지역의 정보를 보고서 형태로 쓰는 것. 적게는 50쪽에서 많게는 수백 쪽에 이르기도 한다. ('재테크 캠퍼스'에서는 임장 보고서 형태의 지역 조사는 지양하고 있다.)

여러 채의 아파트를 매입하기 위해 야무지게 계획도 세웠어요. 세입자분과 신도시 부동산 사장님께 여유 있게 매도 계획을 말씀드리고 같은 시기에 만료되는 우리 실거주 전세는 월세로 바꿀 계획을 세우면서 자산 재배치를 준비했습니다.

이제 나도 목돈으로 지방에 투자할 수 있겠다!!!

### 주말 임장에 올인!
### "아빠 싫어!" 아이 말에 정신을 차리다

여느 때와 같이 주말 임장을 다니던 2023년 4월, 아내가 주말에 일이 있어서 한 주만 임장을 쉬어달라고 부탁했습니다. 아이와 하루 종일 함께하는 시간이 조금 어색했지만, '아기는 낮잠을 재우고 임장 보고서나 써야겠다.'고 편하게 생각했어요. 그런데 아이와 함께 있으면 제 계획대로 일이 진행되지 않는다는 것을 처음 느껴보았습니다. 하루 종일 열심히 아이와 놀고 있다고 생각했지만, 정작 아이가 즐거워하는 느낌은 받지 못했습니다. 밤에 잠을 재우려고 하니 아이가 갑자기 엄마를 찾으면서 한참 울었습니다. 그날 깨달았어요. 2020년에 태어난 아이를 처음으로 혼자서 재워본다는 것을. 잠이 오면 엄마만 찾는다는 것을. 그날 하루는 무척 충격이 컸습니다. "아빠 싫어!"라는 말도 들었습니다. 긴급 SOS 요청을 해서 달려온 아내와 함께 아이를 재웠고 잠든 아이를 보며 깊은 생각에 잠겼습니다.

'내가 아이와 함께한 시간이 얼마나 될까?'
'육아를 전담한 아내는 힐링하는 시간이 있었을까?'
'강의 신청 클릭이 늦어 수강하지 못하는 아쉬움에 더 열심히 해야 한다고, 무엇을 열심히 해야 하는지도 모른 채 내 욕심만 채우고 있었던 건 아닐까?'
'본업을 소홀히 하는 게 맞나?'
'아이의 지금 이 순간은 돌아오지 않는데, 내 행동이 맞는 건가?'

저는 가족의 행복을 담보로 길을 걸어왔지만, 결과에 대해 뚜렷한 답을 가지고 있지 않고 오직 의문만 가득 가지고 있는 부동산 투자자 지망생이었습니다. 2년여 가까이 부동산 강의를 들었고, 300장이 넘는 임장 보고서 PPT를 몇 개나 만들었지만, 정작 자신 있게 브리핑할 수 있는 지역은 한 군데도 없었고 확신이 없어 투자는 하지도 못하고 있었습니다. 그렇게 공들여 만든 임장 보고서는 다시 들여다본 적도 없었고 엑셀과 파워포인트 실력만 늘었습니다.

'나는 무엇을 공부한 것인가?'

결국 저는 한 달에 하나씩 임장 보고서를 작성하지 못하면 안 된다는 강박에 휩싸여 지냈던 부동산 투자 공부에 마침표를 찍었습니다.

## 인강남 내집마련 강의를 듣고 용기를 얻다

모든 임장 활동을 멈추고 한동안은 주말에 아이와 함께하는 시간을 가졌습니다. 개인 독서만 유지하면서 지내던 저에게 책장에 있던 강남역에서 유명한 내집마련 강사분의 책이 눈에 들어왔습니다. 때마침 육아 휴직 후 다시 강의를 시작하셨다는 소문도 들었어요. 이 책을 읽으며 머리를 한 대 얻어맞는 느낌이었습니다. 그동안 알고 있었던 진리라고 생각했던 것과 정반대의 이야기에 무엇이 맞는 것인가 혼란스러웠고 직접 만나고 싶은 생각에 강의 개강만을 기다렸습니다.

이분의 인강남 내집마련 강의를 첫 수강한 후 제대로 된 정신으로 집에 갈 수 없었습니다. 알 수 없는 두통도 생겼어요. 강의가 어땠냐고 아내가 물었지만, 설명을 할 수 없었습니다. 좀 더 들어봐야 알 것 같다고 둘러댔습니다. 2강, 3강, 4강 강의가 진행될수록 머리가 깨지면서 제 위치가 낱낱이 드러났습니다. 진짜 내 가족의 행복이 무엇인지 진실만을 말씀해 주시는 강사님의 강의를 듣고 깨달음을 얻었습니다. 강의 이후 멘토 선배들의 스터디를 차례로 수강하면서 본격적으로 내집마련을 서울에 해 보자고 다짐했습니다.

> "지금까지 얼마나 많은 월세를 냈든, 얼마나 많은 전세금을 올려주었든, 내 소유의 집에서 살지 않아도 된다고 생각했다면 지금 당장 그 생각을 바꾸기를 바란다. 당신이 생애 첫 번째 집을 마련하는 순간, 삶은 통째로 바뀔 것이다."
> - 《쏘쿨의 수도권 꼬마 아파트 천기누설》 중에서

이 구절을 읽고 수많은 선배님의 사례를 들으면서 공부 없이 매수한 신도시 첫 집 말고 강남에 진짜 내 집을 마련해서 내 가족의 삶을 통째로 바꾸고 싶다는 간절한 마음이 들었습니다.

## 내집마련을 엑셀로 할 수 있을까? "NO!"
## 행동하자! 그러면 할 수 있다!

우선 저의 꿈이자 사랑으로 애지중지하던 신도시 아파트의 매도를 진행해야 했습니다. 마침 전세 만기 2년이 도래하던 때였으나 부동산 상황이 좋지 않았습니다. 전세를 놓을 때는 전세 가격이 가장 많이 올랐을 때여서 제일 비싼 전셋값을 받았는데, 매도하려고 하니 전세가가 계속 하락했어요. 여기에서 자본주의의 쓴맛을 또 한 번 느꼈습니다. 마침 전세금을 돌려받을 수 있을지 걱정하는 세입자분에게서 연락이 왔습니다. 세입자분은 전세 시세가 많이 떨어져서 걱정이라면서 계약 만기보다 한 달 정도만 더 살다 나가고 싶다고 기간 연장을 요청했습니다. 집주인이 갑인 줄만 알고 살았는데~ 허허허…….

신도시 아파트를 매도해야 자금이 생겼으므로 적극적으로 매도에 나서기로 했어요. 전세가 하락 상황을 역으로 이용해 세입자분께 매수 의견이 있는지 물었습니다. 세입자분은 매수는 원하지 않는다고 하셔서 우리도 전세금을 돌려드리고 싶으니 집을 적극적으로 보여달라고 협조를 부탁드렸습니다. 그다음은 부동산이었습니다. 부동산 사장님께 매도하겠다고 말씀드렸지만, 시세가 많이 떨어졌다면서 집을 보러 오는 사람이 없다고 6개월째 같은 말씀만 하셨습니다. 그때까지는 기존에 거래하던 한 곳에만 내놓았는데, 다른 부동산에도 더 내놓겠다고 말씀을 드렸습니다. 편하게 내놓으라고 하셔서 세입자분이 찍어주신 사진과 함께 150곳의 부동산에 매도 문자를 돌렸습니다. 그리고 다음 날은 반차를 내고 음료수 몇 박스를 챙겨 신도시 아파트 근처에 있는 열 곳의 부동산을 직접 방문했습니다.

"문자를 보냈던 ○○단지 ○○○동 ○○○호입니다."
"아휴~ 뭘 이런 걸 다."
"네, 거기 두세요!"

"요새 손님이 없어요."

"조만간에 연락드릴게요!"

"이렇게 하는 매도자분은 처음 봐요."

등등 반응이 다양했습니다. 그다음에는 인강남 내집마련 강의 시간에 배운 대로 매도하느라 고생한 경험이 있는 선배님이 알려주신 전단지 작업을 시작했어요. 2~3일씩 걸려 정성을 담은 전단지를 거의 다 완성해갈 때쯤 원래 거래했던 부동산 사장님께서 가계약할 수 있냐고 연락을 주셨습니다. "200군데는 내놓을게요."라고 말씀드렸을 때 역효과가 날 수 있다면서 헛웃음을 짓던 사장님이셨습니다. 인강남 내집마련 강의를 통해 부동산은 '사람들의 삶이다.', '데이터로 수치화할 수 없다.'라고 배웠는데, 그 배움을 현장에서 한 번 더 느꼈습니다. 내집마련은 절대 엑셀로 할 수 있는 게 아니었습니다.

### 아내와 함께
### 내집마련 강의를 수강하다

2023년 가을과 겨울은 '보유한 아파트 매도'+'거주중인 전셋집의 다음 세입자 구하기'+'매수 준비', 이렇게 3가지 일을 병행하면서 정신없이 보냈습니다. 그리고 4주간 진행된 내집마련 강의는 매주 충격이었어요. 저는 강의가 끝난 후 뒤풀이에 꼭 참석하여 선배님들의 소중한 경험담을 들었습니다.

'나도 할 수 있다!'고 생각하면서 집으로 돌아가 아내에게 강의 내용과 선배님들의 이야기를 전달했습니다. 하지만 현실적인 문제로 아내는 걱정이 컸고 강의를 듣지 않은 아내를 설득하는 데는 한계가 있었습니다. 저는 숀군◆ 님의 대출 강의도 수강하며 양가의 도움을 받을 수 없는 상황에서 자금 계획도 촘촘하게 작성했지만, 계속해서 한계에 부딪혔습니다. 아내가 어디까지 협조해 줄지도 모르는 상황이라 앞으로 나아가지를 못했습니다. 너무 강조하면 아내와 어긋날까봐 강남 3구를 가족과 함께 임장하며 상급지 사람들의 삶을 보러 다녔습니다. 식당에 가서 사장님께 그곳의 생활을 물어보기도 하고 한강공원에 앉아 다 같이 간식을 먹으면서 그곳 사람들의 여가도 함께 즐겼습니다.

상급지에서 하루를 보내고 오면 '꼭 이곳에 입성하고 싶다!'는 마음이 더욱 확고해졌습니다. 저 혼자 계속 강남 3구에 먼저 내집마련 한 멘토 선배님들의 스터디를 들으며 방법을 찾기 위해 노력했습니다. 하지만 그래도 아내를 설득할 수 없었어요. 이대로 혼자서는 힘들다는 생각에 결단이 필요한 시점이어서 승부수를 띄웠습니다. 아

◆ **숀군**: 내집마련 대출 일타강사. 18년 동안 제1금융권 대출 업무를 담당했고 7년 동안 부동산 대출 전문 강의를 진행하고 있다.

내에게 정말 간.곡.히 부탁했습니다. 제 용돈을 조절할 테니 내집마련 강의를 한 번만 수강해 달라고. 강의를 들으면 분명히 아내도 설득될 거라 믿었거든요. 결국 아내는 저의 간절한 부탁을 들어주었고 2023년 마지막 인강남 내집마련 강의를 수강하게 되었습니다.

### 아내와 방향성이 같아지다!
### 더욱 구체적으로 인강남 준비 시작!

매주 내집마련 강의가 진행될수록 아내의 마음이 바뀌는 모습이 보였습니다. 강의 후에 매주 이어지는 선배들과의 만남 시간인 특별한 커피숍 뒤풀이도 큰 도움이 되었습니다. 아내는 강의와 강남 3구 선배들과의 뒤풀이 시간이 합쳐지다 보니 큰 도움이 되면서 확실히 의문점이 해결된다고 하더군요. 드디어 아내와 저는 의견이 모이기 시작했고 같은 목표를 설정할 수 있었습니다! 그리고 이제부터 본격적으로 타깃 단지 선정에 같이 나설 수 있었습니다.

자금 계획도 아내와 함께 세우니 좀 더 구체적으로 가시화할 수 있었어요. 앞구르기 방법도 같이 고민하고 적금은 물론이고 주식과 퇴직금 사전 정산까지 싹 다 준비했습니다. 토요일과 평일에는 틈틈이 선정한 타깃 단지 주변으로 부동산 투어를 다녔습니다. 이제는 더 이상 투자할 것처럼 거짓말하지 않아도 되니 매물을 보면서 솔직하게 터놓고 질문할 수 있었습니다. 아이도 함께 진짜 우리 집을 찾으러 다녔습니다. 그랬더니 집주인분들은 차 한잔하고 가라면서 붙잡기도 하시고, 손주의 간식을 제 아이에게 나누어 주시기도 하셨습니다. 그동안 지방에서 매물 임장을 수없이 해 봤지만, 이런 경험은 한 번도 없었습니다. 역시 강남은 달랐습니다. 저절로 묻어 나오는 여유와 자신 있게 설명해 주시는 동네 모습이 참 좋았습니다.

"우리는 집 앞 정원이 올림픽공원이야!"

이렇게 인상 깊은 말을 들으면 꼭 이곳에 이사 와야겠다는 생각이 들었습니다.

저희 부부가 열심히 타깃 단지를 돌아보러 다니는 동안에 지금 살던 전셋집의 다음 전세입자 구하기를 성공했어요. 이사 날짜를 맞

취주어야 했기에 우리도 매수를 결정해야 하는 순간이 왔습니다. 그래서 더 탄탄하게 자금을 체크하고 매물을 찾았죠. '네이버 부동산'뿐만 아니라 전화 임장 등을 통해 드디어 가장 싼 매물을 찾았습니다. 그리고 아내와 함께 수강했던 내집마련 강의의 강사님께 상담 메일을 보냈습니다. 두근두근 답변을 기다리며 '드디어 가는 건가? 잘 찾은 거겠지?' 이렇게 설레던 순간, 강사님의 큰 꾸중이 담긴 답변을 받았습니다. 매물을 제대로, 열정적으로, 이 악물고 찾아보지 않은 것을 강사님은 단번에 알아보셨습니다.

### 정신 차려! 여긴 야생이야!

강사님의 단호한 꾸중에 정신이 번쩍 들었습니다. 그래서 다음 날 출근하자마자 오후 반차를 신청했습니다. 아내도 아이가 등원한 후 바로 현장으로 출동했습니다. 둘이 나누어 부동산을 샅샅이 뒤졌어요. 그러다가 가격을 조정할 수 있을 듯한 물건을 찾게 되었습니다. 이제부터 부동산 사장님과 치열한 기싸움을 시작하게 되었죠. 기싸움이 1박 2일이나 걸렸습니다. 야생에서 1박 2일 동안 제대로 휘둘리면서 침착하지 못해 흥분하고 있었습니다. 이걸 눈치챈 노련한 매도자와 부동산 사장님은 저희를 계속 압박했죠.

사실 이 매물은 매도인이 '잔금 후 매도인이 이틀 후 이사한다.'와 같이 말도 안 되는 조건을 제안하셨고 매도인에게 유리한 쪽으로 중요한 날짜를 조절하시기도 했어요. 함정의 연속이었죠. 끌려다니는 페이스를 바로잡기 위해 강사님의 조언을 떠올리며 정신을 차렸습니다. 이때 정말 많은 경험을 했습니다. 야생은 역시 야생이었습니다. 저는 작은 풀떼기일 뿐이었어요. (여러분도 매 순간 침착해야 한다는 사실을 잊지 마세요!) 협상은 밤늦게까지 이어지다가 늦은 시간에 극적으로 계약이 타결되었습니다. 가계약금을 입금하고 나니 진이 다 빠져서 한참을 누워있었습니다. 저는 인강남 내집마련 강의 시간에 분명히 들었습니다.

"조급해 하지 말 것!"

강의를 하셨던 쏘쿨 님의 칼럼에도 '조급함!'에 대해 나옵니다. '꼭 침착하게 잘해야지. 할 수 있어!'라고 생각하지만, 실전에서는 전혀 그렇지 못했습니다. 조급함! 꼭 경계해야 할 위험물입니다! 제 우당탕탕 경험이 여러분에게 작게나마 도움이 되었으면 좋겠습니다.

이렇게 왕초보 부부에게도 매수하는 순간이 오게 되었습니다. 저는 내집마련 강의를 수강한 첫 날, '이게 된다고?' 하는 생각이 들었습니다. 하지만 멘토 선배님들의 스터디와 독서 모임을 통해 점점 구체적으로 계획을 짜면서 자신감이 생겼습니다. 위기 상황도 많았지만 '포기는 하지 말자! 해 보자!'라고 생각했어요. 해 보지 않은 것에 대해 겁먹기보다는 해 보고 나서 평가해 보는 게 낫지 않을까요?

## 상급지로 이사한 후의 삶은 어떨까요?

'주말마다 아이와 어떻게 시간을 보내지?' 하는 고민이 많이 줄었습니다. 상급지는 계절마다, 시즌마다 이벤트나 행사가 있고 저렴하기까지 합니다. 여름에는 한강 변 야외 수영장에서 하루 종일 온 가족이 소풍을 즐겼습니다. 가까운 최상급지 한강다리에서는 축제를 하고 한강의 야경을 즐기기도 좋습니다. 가을에는 올림픽공원에서 문화제를 크게 개최하고 곳곳에서 공연도 할 뿐만 아니라 이벤트도 많습니다. 매년 겨울은 눈썰매장이 기다리고 있고요. 이 모든 것이 대중교통이나 도보로 갈 수 있는 거리에 있어요. 아이와 함께 할 수 있는 장소나 행사를 검색하는 게 재미있어서 매주 주말이 기다려집니다.

퇴근 시간도 지치지 않습니다. 외곽에서 서울 중심지로 퇴근하는 길이 너무 기분 좋거든요. 일부러 올림픽대로를 이용해 한강을 보면서 퇴근하기도 하죠. 역방향으로요. 지방에 갈 일이 생겨도 부담스럽지 않습니다. 지하철을 이용해서 고속철도 수서역(SRT)을 가깝게 이용할 수 있거든요.

　상급지에 살면 생활비가 많이 나갈까봐 걱정했습니다. 하지만 대형마트의 경우 전에 살던 동네와 비교하면 가격은 비슷하지만 종류가 훨씬 다양하고 더 좋은 물건이 들어와 있어요. 키즈 카페에 가는 걸 한창 좋아하는 5살 꼬맹이와 서울형 키즈 카페를 도장 깨기 하듯

**시즌마다 다양한 이벤트와 행사가 넘치는 상급지 라이프!**

**아이와 함께할 수 있어서 행복한 주말!**

재미있게 다니고 있습니다. 이사 오기 전에 사설 키즈 카페를 갈 때는 세 식구가 움직이면 3만 원이 훌쩍 깨졌는데, 지금은 단돈 3,000원의 행복을 누리고 있습니다.

이뿐만 아니라 심리적인 안정감도 커졌습니다. 근거리 강남 3구 안에 대형병원이 많고 아이들이 많아 동네에도 소아과와 가정의학과가 많습니다. 그리고 무엇보다 안전하고 좋은 내 집에서 가족과 함께하는 행복한 시간이 가장 큰 장점입니다. 이상 우주파 & 맘제이의 송파구 입성기였습니다. 감사합니다!

08

## 지방 아파트 5채 매도 후 반포에 내집마련 성공!

바르님

머리말

## 핏덩이 떼어놓고 갈아 넣은 5,500시간!

부동산 투자를 한답시고 전국을 누비고 다녔던, 그리고 우리 부부의 암흑기였던 지난 그때를 되돌아보면 할 이야기가 참 많습니다. 막 태어난 지 2개월 된 소중한 제 아이를 이모님, 고모님, 남편, 시아버님 등 남의 손에 맡겨둔 채로 전국 방방곳곳 부동산 임장을 다녔어요. 출산하고 얼마 지나지 않았던 때여서 산후 회복도 안 되었는데, 영하 10도에 눈까지 오던 차디찬 겨울에 하루 5만 보 이상 걸어 다녔습니다. 집 하나 더 보겠다고, 임장 보고서 한 장 더 쓰겠다고, 인터넷 줌 모임 한 번 더 하겠다고 미친 듯이 저를 갈아 넣을 때 제 미간은 영화 '기생충'에 나왔던 송강호처럼 매서웠습니다.

아는 지역을 늘리고, 집을 사고, 시스템을 만들어야 부동산 투자 전문가가 될 수 있다는 말을 믿었습니다. 무조건 1만 시간을 채우려고, 하루 7~8시간을 채우려고, 자칭 워킹맘 부동산 투자자라고 우기면서 몸을, 정신을, 시간을, 가족을 갈아 넣었습니다. 이렇게 2년간 총 5,500시간을 보냈습니다.

그러던 2022년 6월, 임장지로 '강남구'를 배정받은 그달이 제 잘못된 투자 인생의 터닝 포인트가 되었어요. 그곳에서는 지방에서 느끼지 못했던 것들이 느껴졌거든요. 네모 모양으로 반듯하게 정리된 도로와 깔끔한 단지에서 엄마와 손잡고 하교하는 아이들, 해맑게 웃으며 뛰어다니는 아이들을 보며 마음 한쪽이 너무 시렸습니다. '아, 뭔가 잘못된 것 같다.'라는 생각이 머릿속을 꽉 채웠습니다.

'내 아이는 남의 손에 맡겨놓고 난 지금 여기에서 뭐 하고 있는 거지?'
'저 아이들은, 저 부모들은 어떻게 이런 좋은 곳에서 사는 거지?'
'설마 매매일까? 아니야 그런 돈이 어디 있겠어. 전세도 비싸니까 월세겠지?'

이렇게 생각하면서 정신 승리를 해 보려고 노력했습니다. 그 당시 살고 있던 충청도 집으로 돌아갈 때도 강남구 근처에 있는 버스 터미널에서 20분 간격으로 출발하는 버스를 타야 했어요. 지방을 돌아다닐 때 KTX에 버스, 택시, 심지어는 차를 렌트해서 어렵게 다니던 그곳과 다르게 임장하러 오고 가는 길이 너무 편했습니다. 직감적으로 모든 것이 편리하다고 느끼면서 제 머릿속에는 물음표가 생겼습니다.

"나 지금 제대로 하고 있는 게 맞을까?"

## 잘못된 부동산 투자의 이상함 감지!
## 드디어 콩깍지를 벗다

이렇게 고민만 하던 여름이 지나고 어느새 10월이 되었습니다. 우연이었을까요? 강남역에서 유명한 내집마련 강사님이 다시 복귀하셨다는 소식을 듣고 강의를 신청하고 들으면서 제 머릿속에 있던 물음표는 느낌표로 바뀌어 버렸어요. '어떻게 강남에 살지?'라고 의심했던 마음을 거두고 제 또래의 젊은 부부처럼 저도 그곳에 살 수 있다는 생각을, 다짐을, 확신을 하게 되었습니다.

쏘쿨스쿨 내집마련 강의를 듣기 전에 제가 어땠었냐면요, 한 달 동안 한 지역을 다니다 보니 꼭 사야 할 것만 같았고, 너무 싸 보였고, 너무 좋아 보였어요. 그래서 샀습니다. 제가 여기저기 여러 군데 돌아다녔다면 '과연 이 지역을 샀을까?' 싶은 곳마저 사두었더군요. '비교 평가가 된다'는 착각에 빠져서요. 강사님이 수업 시간에 말씀 하셨던 '돈 있으면 사고 친다'는 딱 저를 두고 하신 말씀이었습니다. 하나 더 사? 어디? 어디 살까? 눈에 불을 켜고 어슬렁거리는 하이에나와 같았기 때문입니다(실제로는 잡초면서……). 땅 가치가 없는 지방 쓰레기 입지에 가서 건물만 보다 보니 가치가 떨어지는 물건인 줄도 모르고 '저평가'라고 생각해서 무지하게 매수했습니다.

'하급지가 상급지 될 때 상급지는 최상급지가 된다.'

이렇게 단순한 논리를 알지 못했거든요. 한 지역만 파다가 사랑에 빠져서 사고, 또 다른 지역에 가서 파다가 사랑에 빠져서 샀습니다. 입지가 무엇인지도 모르고 지방 아파트 쓰레기 하급지에서 저평가랍시고 그냥 사 모았습니다. 시스템을 만들면 될 거라는 희망 회로에 빠져서 리스크와 기회 비용을 보지 못한 채 경주마처럼 달렸습니다. 하지만 쏘쿨 님의 내집마련 강의에서 제대로 뼈를 맞고 저 밑에서부터 감정을 끌어올리면서 심각하게 고민하다가 저의 객관적인 상황을 적어내려갔습니다. 그리고 이 상황을 제가 수강중이었던 강사님께 처음으로 메일을 보내면서 상담을 받았습니다.

A. 1기 신도시 재개발 입주권
B. 1기 신도시 구축 아파트
C. 50만 도시 준구축 아파트
D. 50만 도시 준구축 아파트
E. 광역시 준구축 아파트

그러자 강사님께서는 이렇게 답메일을 주셨습니다.

"A. 새 아파트라서 아깝긴 하지만, 강남 입성하시려면 저런 건 정리하셔야죠.
B. 괜찮아 보입니다.
C, D, E. 제가 지방을 모릅니다.

강남 들어오시면 늦게 들어온 걸 후회하실 겁니다.
괜찮습니다. 앞으로 많이 벌면 되죠."

긴 답메일 중 앞부분입니다. 따듯한 위로의 말이 저를 울게 했습니다. 세상에~ 제일 좋은 줄 알았던 제 물건의 단점을 정확히 짚어주셔서 제 눈을 덮고 있던 콩깍지를 드디어 벗을 수 있었습니다.

## 제자리를 찾으며
## 몸과 마음이 가족을 향하기 시작하다

**Before** 매일 4~5시간 자고 새벽 3시부터 일어나서 출근길에, 업무 중간에, 점심시간에, 퇴근하고 나서, 아이 픽업 후 자기 전까지 하루에 8시간씩 이를 악물고 시간을 짜내면서 노트북으로 임장 보고서를 쓰고, 엑셀을 돌리고, 책 읽고, 전화하고, 글을 쓰는 등 어떻게든 살아남으려고 노력했어요. 투자를 하는 건지, 부동산 재테크 카페 활동을 하는 건지 모를 시간, 갈아 넣는 시간의 반복 반복 반복……. 결국 저는 조급하게 안절부절 살던 저를 버렸습니다.

**After** 어차피 ○채 사 모으는 게 목표가 아니라 기존에 가지고 있던 집들을 털어내고 똘똘한 1채로 갈아타기 해 나가야 한다는 것을 알게 되니 마음이 편해지고 조급함이 없어졌습니다. 이제는 하루 6시간 이상 푹 자기 시작했습니다. 그동안 너무 피곤해서 2주째 터진 입술이 조금씩 아물어가네요. 집안 조사로 2일의 휴가가 생겼습니다. 이전 같으면 어떻게든 투자 시간으로 써보겠다고 방에 처박혀서 컴퓨터만 했을 텐데 아이와 하루 종일 시간을 보냈습니다. 아이는 저와 눈을 마주치고 놀면서 까르르~ 까르르~ 웃고, 낮잠도 자고, 엄마와 같이 맘마도 먹고, 키즈카페에 가서 실컷 뛰어놀고, 목욕까지 한 후 저녁에 잠들었습니다. 딸은 "엄마, 좋아!" 하면서 저를 안

아주머니 토닥토닥하네요. 남편은 "당신이 자주 이렇게 집에 있으면 좋겠다."고 합니다. 고작 하루 시간을 함께 보냈을 뿐인데 말이죠. 두 부녀의 말을 들으니 제가 그동안 어떻게 행동했던 건지 반성하게 되더라고요. 저의 몸과 마음이 드디어 가족을 향하기 시작했습니다.

강사님께서 내집마련 과제로 내주신 '잠실 아파트 현장 방문 투어'를 하면서 '이렇게 설렁설렁 임장해도 되나? (이전에는 5만 보씩 걸었어요.), '이렇게 버스를 타도 되나?' (먼 거리도 무조건 뚜벅이로 다녔죠.), '이렇게 맛있는 음식을 먹어도 되나?' (김밥이나 라면만 먹었습니다.) 하고 생각했어요. 하루 5만 보씩 행군하던 습관으로 강남 3구 꽃길만 걸으려니 마음이 참 편하고 즐거웠습니다. '아, 여기가 내가 살 곳이구나!'라는 생각이 들었어요. (지방만 보다가 최상급지에 오니까 마음이 너무 편안하더라고요.) 이렇게 제대로 된 방향을 다독다독 다잡을 수 있어서 너무 좋았습니다.

만약 내집마련 강의를 듣지 않았더라면 지금도 계속해서 어떻게든 한 지역이라도 더 돌아다니기 위해 지방 쓰레기 지역의 관심도 없는 곳을 무릎이 부서져라 다니면서 고군분투했을 거예요.

'1만 시간을 무조건 채우리라.'
'돈 모일 때마다 1채 더 사리라.'

이렇게 결심하고 추가로 2년 이상 더 돌아다니면서 1만 시간을 채우기 위해 이 악물고 결국 행동했을 저를 상상하니 정말 소름이 돋습니다.

## 지방 아파트 가격은 뚝뚝 떨어지고~
## 결국 공황장애가 오다

첫째 아이와 관계를 회복하고 임신중이라 뱃속에 있던 둘째 아이까지 키우면서 저는 계속 고민했습니다.

**천사** "아니야. 새로 태어날 아이까지, 우리 가족 모두 행복한 곳으로 가보자. 아이들 교육도, 회사 출퇴근도 모두 챙길 수 있는 곳으로 가자."

**악마** "지방 아파트를 다 정리하려면 수억 원이나 손실이야. 이걸 감행하는 게 맞을까? 안 팔고 버티면 손절은 아닌데, 그냥 버텨볼까? 전세 한두 바퀴 더 돌리다 보면 제자리를 찾지 않을까? 이렇게 하는 게 정말 맞을까?"

천사와 악마의 생각을 계속 왔다 갔다 하면서 고민하는 동안 지방 아파트는 계속 가격이 떨어지고 서울 아파트는 몇억씩 오르는 걸 지켜만 봐야 했습니다. 제 몸도 어느덧 만삭이 되어 출산했고 신생

아를 키우느라 총 1년의 시간을 고민으로 허비하고 말았습니다. 그러다가 밤중 수유를 하기 위해 새벽 1~3시 사이에 깨어있던 어느 날, 고요하지만 깜깜한 새벽에 온정신이 뚜렷해지면서 저의 상황을 제대로 직시해버렸습니다.

"바로 4개월 후부터 역전세 나버린 전세 4채의 만기와 분양권 1채의 추가 분담금까지 합산해 총 13억 이상을 내줘야 한다!"

미루고 미루던 현실을 자각하자마자 가슴 위에 맷돌 5개가 얹혀 있는 것처럼 숨이 쉬어지지 않고 눈앞이 깜깜해졌습니다. 산후우울증과 전세금 반환의 스트레스가 합쳐져서 공황장애가 온 것입니다. 이대로 있다가는 죽을 것만 같아서 심리 상담도 여러 번 받았는데, 결국 마음의 병의 가장 큰 원인은 바로 '부동산'이었습니다.

### 무조건 팔아야만
### 나와 내 가족이 산다!

생각의 방향을 바꾸고 나서 '무조건 판다'고 결심한 후 이 문제를 해결하기 위해 적극 행동에 나섰습니다.

**행동 1** 낮에 4시간씩 아이를 돌봐주실 이모님을 모셔두고 노트를 들고 카페로 갔습니다.

**행동 2** '공실'을 만들어야 매도할 수 있으므로 대출이 최대 얼마까지 가능한지를 상담했습니다.

**행동 3** 그나마 이익이 생긴 E와 손실 처리할 A~D끼리의 양도세 상계 처리를 위해 미리 세금을 상담했습니다.

**행동 4** 5채의 상황과 팔 수 있는 시나리오를 모두 적었습니다.

- A. 추가 분담금 계속 내야 함. 분양권 상태로 매도 가능
- B. 세입자 분양권 보유 중. 전세계약갱신청구권 안 쓰기로 함. 퇴거 일자 미정. 매수 의사 없음
- C. 세입자 거주 중. 전세계약갱신청구권 쓰고 싶어 함. 매수 의사 없음. 인근 아파트 입주권 보유 중
- D. 사택 세입자. 전세계약갱신청구권 쓸 수 없음. 특이점: 집을 잘 안 보여줌
- E. 세입자 거주 중. 만기 한참 남음. 전세계약갱신청구권 쓰고 싶어 함. 매수 의사 없음

집에 돌아와서도 제 머릿속은 온통 '매도'로 가득 차서 아이디어가 떠오를 때마다 노트를 펼쳐서 적었습니다. 가지고 있는 집들의 상황을 정리하니 팔 수 있는 방법을 적기가 쉬워졌습니다. 온 마음을 다해 매도에 집중하다 보니 절대 팔리지 않을 것 같던 지방 아파트들이 순차적으로 팔렸습니다. 마지막 2채 정도가 남았을 때는 매수하고 싶은 지역을 동시에 임장했습니다. 다 팔고 나서 매수할 곳

을 찾기에는 서울이 무섭게 오르고 있었기 때문입니다. 신기하게도 매수할 곳을 보면 더 매도에 진심이 되었습니다.

감사하게도 제가 목표한 2024년 상반기에 모든 매도를 마쳤네요. 돌아보니 고민하는 데만 1년 이상이 걸렸고 마음 먹고 나서는 5채 모두 매도하는 데 8개월이 걸렸습니다. 처음에는 1채씩, 1채씩 겨우 팔렸다면 마지막 3채는 순식간에 후다닥! 팔렸는데, 매수할 곳을 자주 갔던 것이 큰 원동력이 되었습니다.

## 드디어 반포 아파트 매수!
## 그리고 손실도 모두 회복!

처음에는 매수 후보 지역을 대치와 반포, 이렇게 두 곳으로 좁혀두었어요. 그러다가 그 후에 학군지, 남편과 저의 직장 출퇴근이 편리한 곳, 그리고 우리 부부가 좋아하는 '한강 인근'으로 정리하다 보니 '반포' 지역으로 최종 결정을 했습니다. '반포'를 골랐을 때는 소형 평수만 가능할 거라고 생각했어요. 하지만 아이들이 아직 초등학교에 입학하기 전이라 당장 이사하지 않아도 되는 상황을 이용해 '전세를 끼고 국민 평형'을 매수하게 되었습니다.

매수할 때는 혼자만의 의견으로 강행했던 과거의 실수를 반복하지 않기 위해서 남편과 충분히 상의했습니다. '이 집은 실거주니까

30% 빠져도 원리금 내면서 버틴다.'는 생각으로요. 정말 감사하게도 매수 이후에 지금까지 5채로 손절한 금액과는 비교도 안 되게 올라서 손실을 모두 회복할 수 있었어요. 덕분에 지방 아파트를 사느라 허비한 2년, 파느라 허비한 2년, 이렇게 총 4년의 시간을 한 번에 보상받은 듯합니다.

이 글을 쓰는 지금, 저는 아직도 지방에 거주중이지만 마음만은 든든합니다. 아이들에게는 거실에 붙여놓은 서울 강남 3구 지도를 보여주면서 '여기가 앞으로 우리가 살게 될 곳이야.'라고 설명해 주곤 합니다. 남편도 저도 이제는 마음이 편해져 본업에 집중하면서 '추가 수입을 어떻게 낼 수 있지?' 하는 고민도 하게 되었어요. 무엇보다 마음이 정말 편해져서일까요? 힘들게 가졌던 첫째와 둘째와는 다르게 셋째가 아주 자연스럽게 '뽕' 하고 생겼습니다. 이제는 다주택에서 다자녀로 포지션을 완전히 바꾸어 남과 돈이 아닌 '내 가족과 우리의 행복'에 더욱 집중하고 있습니다.

요즘에는 아무 일 없이 흘러가는 하루하루가 얼마나 소중하고 감사한 것인지 절실하게 깨닫고 있습니다. 가끔씩 과거를 돌이켜보곤 합니다. 어렵게 가진 아이 한 명조차 남의 손에 맡겨두고 밖으로 돌아다니던 그때. 남편의 충고를 잔소리로 무시하던 그때. 정작 우리는 월세에 살면서 집주인에게 설움 당하던 그때. 세입자들 전화에 전전긍긍하며 누수가 터지면 해결하느라 밤잠 설치던 그때. 역전세와 매매가 하락을 걱정하던 그때. 이런 것들을 걱정하며 공황장애로 고통받던 그때. 바로 10여 개월 전 일이지만, 마치 먼 옛날 일처럼 느껴지네요. 뇌는 괴로운 것을 빨리 잊으려고 한다는데 정말 그렇더라고요.

저는 지금 제 인생에서 가장 중요한 것이 '돈' 뿐이었을 때와는 완전히 달라진 삶을 살고 있습니다. 아주 보통의 하루를 보내면서 '오늘 뭐 먹지?', '주말에 아이들과 뭐 하지?', '회사 업무는 어떻게 해결해 볼까?' 이런 고민을 하면서요.

여러분! '가족', '든든한 내 안식처', '본업'의 중요성을 잊지 마세요. 저처럼 어려운 시기를 겪는 분들에게 이겨낼 수 있다고, 방법은 있다고 꼭 응원해 드리고 싶습니다.

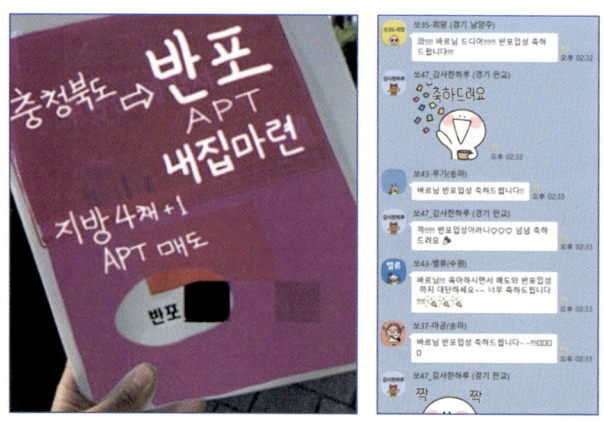

반포 아파트 마련 후 손에 쥔 등기권리증과 내집마련 강의 쏘쿨스쿨 지인들의 축하 메시지!

# 09

## 캥거루족이 지방 투자 실패를 딛고 내집마련 성공!

란드 님

: : 라드림 : :

## 경제적 자유가 절실했던 20대, 갭투자◆에 올인!

저는 2024년 8월 뜨거운 여름날, 송파구에 있는 아파트를 매수했습니다. 인서울, 그것도 송파구에 내 집을 마련하다니 지금도 꿈만 같습니다. 이 글을 통해 저 같은 캥거루족도 내집마련할 수 있다는 성공담이 잘 전달되었으면 좋겠습니다.

어릴 때부터 저는 경제적으로 어려운 환경에서 성장하며 '경제적 안정'이 얼마나 중요한지를 뼈저리게 느꼈습니다. 성인이 된 후에도

◆ **갭투자**: 매매가와 전세가의 차이를 이용한 투자 전략으로, 집을 매매할 때 적은 금액으로 투자할 수 있는 방법 중 하나이다. 예를 들어 매매가가 10억 원이고 전세가가 8억 원일 경우 전세입자를 받아 내 돈 2억 원을 가지고 집을 사는 방식이다.

'경제적 안정'을 이루기 위해 정말 많은 시도를 했습니다. 무작정 돈 아끼기, 아르바이트, 주식 투자, 스마트스토어 운영 등 돈을 벌기 위해 쉬지 않고 부단히 노력했습니다. 하지만 단순히 '돈'을 목적으로 다양한 시도를 하면서 애를 써봤지만, 그 어떤 것도 제 마음속에서 간절히 원하는 경제적 안정을 채우지 못했습니다.

그러던 중 우연히 '부동산 투자'라는 개념을 알게 되었고 지방 아파트 갭투자의 길로 빠져들었습니다. 경제적 자유를 이루기 위해서는 이 방법밖에 없다는 생각이 들어 그 당시 제가 할 수 있었던 시간, 체력, 돈 등 모든 것을 갭투자를 위해 던졌습니다. 근무하지 않는 날이나 주말이 되면 매주 지방으로 임장하러 다녔고 직업과 병행해야 했으므로 시간이 부족해 비행기를 타고 다니며 시간을 단축하기도 했어요. 남들은 여행 가려고 들뜨는 마음으로 비행기를 타러 공항으

**산 중간에 있는 지방 아파트를 사겠다며 사진을 찍었던 시절**

로 갔지만, 저는 무거운 마음으로 비행기를 탔습니다. 또한 주말 이틀 동안 지방 도시를 샅샅이 조사하느라 하루 종일 10시간 넘게 걸어 다녀서 4만 보 이상을 찍기도 했습니다. 시간이 지나면서 살이 빠지고, 무릎과 발은 망가졌으며, 건강은 악화되었습니다. 가족은 점점 야위어가고 예민하게 변해가는 저를 보며 크게 걱정했습니다.

## 지방 광역시 아파트에 첫 투자, 하지만 세입자의 역습! 스트레스로 위염과 흰머리 가득!

이렇게 2년간의 노력의 결실로 드디어 지방 광역시에 있는 아파트에 투자하게 되었습니다. 나름 생애 처음으로 아파트를 가지면서 뿌듯함과 함께 경제적 안정을 이루었다고 안심했습니다.

'아이패드 하나 살 때도 손을 떨며 돈을 지불했던 내가 억대의 아파트를 사게 되다니!'

그동안의 피나는 고생의 결과라고 생각하며 저 자신에게 잘했다고 위로했습니다. 모든 게 제 뜻대로 되고 이제 부자가 되는 일만 남은 줄 알았습니다. 하지만 이 뿌듯함은 오래가지 않았어요. 세입자가 들어온 후 그 짧은 몇 달간 베란다에 누수가 발생했고, 화장실 변기가 고장 났으며, 인터넷과 에어컨 설치 등 한 살 차이 나는 세입자와 부딪히면서 은근한 기싸움을 지속했습니다. 내향인인 저는 이 과정이 너무나도 힘들어서 지쳤으며, 엄청나게 심한 스트레스를 받았습니다. 스트레스로 위염을 달고 살았고 흰머리가 급격하게 많아졌습니다. 세입자에게 연락이 올 때면 깜짝깜짝 놀라면서 심장이 '쿵' 하고 내려앉았고 수명이 줄어드는 느낌이 들었어요. 2년 동안 뼈 빠지게 열심히 다니면서 마련한 투자 물건이었지만, 사고 나서가 더 힘들고 마음이 편하지 않았습니다.

첫 번째 투자한 지방 아파트의 내부 사진

## 이게 과연 내가 원하던 삶인가?
## 실패를 인정할 용기와 시간 필요!

저 스스로도 '이게 과연 내가 원하는 삶인가?'라는 의문이 커졌습니다.

'이러려고 집을 산 게 아닌데…….'
'행복하고 싶었을 뿐인데…….'

사실은 알고 있어도 모른 척, 아닌 척 외면했습니다. 이 길이 저에게 맞지 않은 길이고 잘못된 선택이었던 것을 말입니다. 이렇게 고생한 시간이 있었기에, 제 소중한 젊은 시절의 한 부분을 포기하고 선택한 것이었기에, 다시 집을 매매하는 과정이 너무나도 힘든 걸 잘 알기에 직접 살지도 못하는 지방 아파트를 투자한 선택이 잘못되었다는 것을 인정하는 데 많은 용기와 시간이 필요했습니다.

결국 매매한 지 2년 만에 투자 아파트를 처분하면서 제 선택이 잘못되었다는 것을 인정하게 되었습니다. 저에게는 정말 큰 용기와 시간이 필요했지만, 인강남 내집마련 강의에서 만난 동료들의 격려와 도움 덕분에 다시 일어날 수 있었습니다. 그리고 강의를 들으며 제가 진정으로 원하는 것이 단순히 '돈'이 아니라 '안정감'이었다는 것을 깨달으면서 이 깨달음은 제 인생의 큰 전환점이 되었습니다. 이때부터 저의 목표는 '돈'이 아니라 '내집마련'으로 확실하게 자리를 잡았습니다.

## '생애 최초' 대출 히든카드는 놓쳤지만
## '돈'보다 '내집마련'이라는 경제적 안정감을 찾아서!

그 후 세입자가 있는 지방 투자 아파트를 매도하고 가진 돈과 대출 한도를 바탕으로 타깃 단지를 선정한 후 부동산을 돌아다녔습니다. 예상은 했지만 역시나 내집마련의 여정은 쉽지 않았습니다. 이미 첫 매매로 '생애 최초'라는 대출 히든카드를 잃어버린 상황에서 LTV(담보 인정 비율)가 80%에서 50%로 줄어들게 되었어요. 그 결과, 대출 포함 총자산 금액이 줄어드니 타깃 단지도 더 낮은 금액대로 변경되어 많은 기회를 잃어버렸습니다. 잘못된 선택에 대한 대가를 톡톡히 치른 것이죠. 지난날을 후회하며 땅을 쳤지만, 그럴 시간이 없었습니다. 다시 일어나 옷을 여미고 부동산 사장님에게 드릴 음료수 하나 들고 또다시 부동산 사무실 문을 열었습니다.

당시 부동산 시장은 꽁꽁 얼어붙어 매물이 거의 없었습니다. 아무리 부동산을 방문해 봤자 타깃 단지에서 아무 성과가 없었어요. 조급해진 저는 타깃으로 잡은 지역보다 하급지 아파트 단지를 고민하기도 했습니다. 조급한 마음에 인강남 내집마련 강의를 들었던 강사님께 상담 메일을 보내면서 이거 사도 되냐, 저거 사도 되냐는 등 정말 많이 괴롭혔습니다. 그럼에도 불구하고 강사님은 항상 "조금 더 기다려라. 템플스테이를 가라. 정신을 차려라."와 같이 차분하게 조언해 주시면서 제 불안함을 달래주셨습니다. 저는 강사님의 말씀에 따라 조용히 기다리면서 마음을 다잡을 수 있었습니다.

## 따뜻한 봄과 함께 찾아온 '네이버 부동산' 알람!
## 역시 부동산은 타이밍과 신속함이 중요!

시간이 지나 겨울내내 얼었던 눈이 녹고 햇살이 따뜻한 봄이 왔습니다. 어느 때처럼 점심을 먹으러 외출하는 중에 '네이버 부동산'에서 알람이 왔습니다. 매일 뜨는 매물 가격 알림이겠거니 하고 눈으로 대충 확인했는데, 세상에~ 긴 기다림 끝에 마침내 제가 기다리던 타깃 단지의 새로운 매물이 알람으로 뜬 것이었습니다. 알람이 울린 지 5초도 안 되어 반사적으로 바로 전화를 걸고 가계약금을 보내기까지 정말 일사천리로 진행되었어요. 제가 타깃으로 한 단지는 노리는 사람이 많아 5층 이상 매물이 나오면 무조건 장부 물건으로 가기 마련이었어요. 하지만 마침 이번에 올라온 매물은 이 동네 사정을 잘 모르는 강북구 소재의 부동산에서 내놓은 것이었습니다. 세를 주고 있는 집주인이 지인 부동산에 내놓은 거였어요. 저는 너무 운이 좋았죠. 제가 바로 전화하고 나서 다른 사람들에게 줄줄이 문의가 많이 들어왔다는 이야기를 듣고 역시 부동산은 타이밍과 신속함이 중요하다는 걸 절실히 깨달았습니다. 어디서, 어떻게 물건이 튀어나올지 모르니 모든 가능성을 열어두고 준비해야 하는 것이었어요.

    이렇게 빠르게 가계약금을 보내고 4개월 후 저는 송파구민으로서 새 삶을 시작했습니다. 30년 만에 부모님 품을 떠나 혼자 살림을 꾸려가며 진정한 어른으로 성장하고 있습니다. 혼자만의 시간을 보내는 것이 아직 어색하고 미숙하지만, 이를 통해 더 성숙한 인간으로 거듭나고 있다고 믿습니다. 저 같은 캥거루족도 성공했으니 이 책을 읽고 있는 2030분들이나 미혼인 분들도 충분히 내집마련할 수 있을 거라 믿습니다. 포기하지 말고 일단 시작해 보기를 바랍니다. 저는 오늘도 송파구에서 행복한 꿈을 꾸며 살아가고 있습니다.

송파구에 내집마련한 아파트의 내부 사진

송파구의 아름다운 야경과 올림픽공원에서 열린 한성백제문화제

10

## 주식, 비트코인, 지방 아파트 투자 끝에 강남 신혼집 입성!

로제 & 치즈 님

:: 로제 & 치즈님 ::

**로제 님 이야기**
**사회 초년생의 한탕주의 심보,**
**그리고 처참한 결과**

저는 유복하지 못한 환경 속에서 성장했기에 사회생활을 시작하자마자 주식과 비트코인, 지방 아파트 투자에 손을 대며 100억 부자를 꿈꿔왔습니다. 당시에는 코로나19 이후 유동성 시장의 영향으로 앉은 자리에서 순식간에 수억 원을 번 사람도 있었고 시중에는 몇천만 원으로 몇억을 버는 투자 강의가 판을 치고 있었습니다. 사회 초년생이었던 저는 그런 사람들의 말솔임에 솔직히 정신을 차릴 수가 없었어요. 사실 이미 제 마음속에는 한탕주의 심보가 도사리고 있었기에 이런 마케팅의 표적이 된 것이겠죠.

부자가 되는 것은 몇 년 안에 뚝딱 이뤄낼 수 있는 게 아니라 오랜 시간이 필요한 법인데, 단숨에 될 수 있다고, 그래서 저도 금방 퇴사할 수 있을 거라고 착각했습니다. 그래서 제 몸을, 시간을, 직장을, 가족을, 젊음을 모두 내려놓고 가장 편하게 다룰 수 있는 '저 자신'을 갈아 넣으면서 소모적인 삶을 살아왔습니다. 2년간 하루에 4~5시간씩 자다 보니 직장에서 지각은 물론 근무 시간에도 졸기 일쑤였고 피부도 염증으로 뒤덮였어요. 게다가 주말마다 강행군으로 이어지는 부동산 임장 때문에 무릎과 발은 순식간에 폭삭 삭아버렸습니다. 가족과의 행복한 삶을 목표로 시작한 부동산 투자 공부였지만, 어느새 주객이 전도되어 가족과 보내는 시간을 낭비라고 여겼습니다. 그나마 있던 명절마저도 혼자 골방에 처박혀 임장 보고서를 쓰거나 타지에서 무식하게 걸으며 이 지역을 뽀갰다고 생각했으니 그때의 제가 참 어리석었다는 생각이 듭니다. 한탕주의에 젖어 몇 년만 모든 걸 갈아 넣으면 뭐라도 될 줄 알았던 사회 초년생의 투자 결과는 뭣도 아닌 게 되었습니다.

### 부동산만 모르는 게 아니더라~
### 세상을 모르는 거였더라

시간이 지날수록 상황이 나아지기는커녕 의문만 생기는 와중에 강남역에서 유명한 인강남 내집마련 강의를 추천받았습니다. 첫 강의 날을 손꼽아 기다리며《타이탄의 도구들》이라는 책을 꺼내 들었는데, 서문의 한 문구가 저를 사로잡았습니다.

"만일 당신이 무엇인가에 도달하는 데 10년이 걸리는 계획을 갖고 있다면, 당신은 다음의 질문을 스스로에게 던져야 한다.
'아니, 왜 이걸 6개월 안에는 해낼 수 없는 거지?'"

저는 책 여백에 '강남 3구 내집마련 달성!'이라고 적었습니다. 사실 부산에 사는 저는 강남 내집마련은 10년이 아니라 30~40년은 걸리는 일로 여겼습니다. 하지만 얼마 지나지 않아 내집마련 강의를 듣게 되었고 그로부터 2달 만에 강남에 내집마련을 성공했습니다.

**고정 관념을 타파해 준《타이탄의 도구들》속의 한 구절**

강의를 듣고난 후 머리가 정말 복잡했습니다. 저는 제가 거꾸로 학습한 줄 몰랐거든요. 모든 것을 갈아 넣으면서 배우고 익혔는데, 되돌아보니 부동산을 거꾸로 학습한 것이었습니다. 세상이 뒤집히는 느낌이었어요. 그 전에 다른 재테크 카페의 방식은 말은 허울 좋게 '입지 대비 가격'이라고 하면서 실상은 '부동산은 땅'이라는 대전제를 놓친 채 전고점 대비 몇 퍼센트 떨어졌느냐로 싼지 비싼지를 판단했습니다. 오직 가격과 투자금, 즉 '숫자'로만 제가 투자할 수 있느냐 없느냐, 그래서 살 것인지 말 것인지를 판단했습니다. 부동산 정책과 세금, 대출에 대한 지식은 전혀 없는 상태에서 싸고 안 좋은 것만 놓고 비교 평가니, 저평가니 하면서 대단한 투자자가 된 것처럼 토론하고 있었으니, 그냥 '우물 안에서 물장구나 치고 놀았구나.' 하는 느낌이랄까요? 당장 강남에 내 집을 마련할 수 있다는 것도 상상조차 못 했으므로 팔지 않을 것을 사야 한다는 생각도 하지 못 했습니다.

자본주의와 화폐에 대한 이해도가 낮았으므로 10억 부자, 100억 부자를 꿈꾸며 모든 것을 샀다 팔아서 수익화할 요량으로만 접근했습니다. 모든 판단 기준이 '숫자'였기에 실거주 집을 마련해 돈을 깔고 앉는 것을 죄악으로 여겼고 사용 가치 따위는 단 한 번도 생각하지 않았습니다. 그렇게 수많은 투자 관련 서적을 읽고서도 리스크 제어가 아닌 다주택으로 리스크부터 확대하려 했고, 타이밍과 미래는 예측할 수 없는 법인데 함부로 예측했으며, 예측하는 이들의 말을 그대로 믿었습니다. 거꾸로 하고 있는 게 한두 가지가 아니었어요. 직장도, 가족도, 건강도 모든 것을 내팽개치고 있었으니 부동산

뿐만 아니라 인생도, 세상도 거꾸로 알고 있었음을 깨달았습니다.

### 지방 아파트 매도 결심!
### 큰 결정을 내릴 때 푼돈에 얽매이지 말 것!

머리로, 가슴으로 잘못되었음을 알게 된 이상 가만히 있을 수 없었습니다. 지방에 등기를 친 지 6개월밖에 안 되었지만, 투자가 아닌 투기였음을 인정하지 않을 수 없었습니다. 잘못 산 것은 씻어내야 한다는 생각으로 곧바로 매도를 진행했습니다. 평일에 퇴근한 후에는 기차에 몸을 싣고 지방으로 내려가 부동산 사장님들을 만나러 다녔습니다. 제 물건 좀 잘 팔아달라고 물건도 소개하고 분위기도 파악하면서 매도에 최선을 다했습니다. 하지만 남자친구 치즈 님은 본인이 갖고 있던 지방 물건이 비과세 2년까지 6개월이 채 남지 않아 세금과 수익이 아깝다면서 팔기를 주저했습니다. 큰 결정을 내릴 때는 푼돈에 얽매이면 안 된다는 생각이 들었습니다. 그리고 스노볼 효과(snowball effect, 어떤 사건이나 현상이 작은 출발점에서부터 눈덩이처럼 점점 커지는 과정)대로라면 확실히 눈덩이를 가능한 한 크게 뭉치는 게 유리했으므로 남자친구를 설득해 가격을 확 낮추어 곧바로 2채 모두 매도할 수 있었습니다.

## 매주 부산과 서울을 오가며 내 집 찾아 삼만리~
## 우리 집은 어디에?

이렇게 평일에는 매도를 진행하면서 동시에 주말마다 내 집을 찾기 위해 서울행 기차에 오르기를 반복했습니다. 하지만 부산에서 서울을 오가는 것 자체에 물리적 제약이 많아서 매수할 집을 찾는 것이 무척 어려운 일이었습니다. 그래서 휴가와 서울 본사 출근 등 다양한 방법을 활용하여 한 달 정도 서울에 머무를 구실을 만들어냈고 남자친구와 오피스텔 단기 임대를 잡아 본격적으로 내 집 찾기에 나섰습니다.

당시 우리의 일과는 한 명이 출근하면 남은 한 명이 아침부터 저녁까지 부동산을 쏘다녔고, 두 명이 같이 휴가인 날에는 아침 일찍

서울에 오피스텔 단기 임대를 해가면서 내집마련 총력전을 펼치던 때

함께 숙소에서 나와 밤늦게까지 부동산을 돌아다녔습니다. 머릿속에는 내집마련에 대한 생각이 가득했으므로 밥을 먹다가도, 자려고 누웠다가도, 이동 중에도 시도 때도 없이 노트를 꺼내 자금 계획을 점검하고 어떻게 하면 이 집을 내 집으로 만들 수 있을지 고민했습니다. 늦은 밤에는 부동산이 문을 안 열기에 살고 싶은 동네 곳곳을 가고 또 가서 주변 환경을 둘러보고 우리가 정말 살고 싶은 동네는 어디인지 거듭 고민하면서 수없이 많이 대화했어요. 7~8월의 한창 더운 날씨에 매일 밤 숙소에 돌아오면 이미 녹초 상태였지만, 인생의 2차 총력전에 임하는 우리의 열정은 꺾이지 않았습니다.

### 집을 살 때 돈이 아니라 꿈에 맞춰라!
### 젊음과 용기로 강남에 내집마련 성공!

그런데 이상하게도 계속 마음 한구석이 불편했습니다. 분명 이전에는 감히 상상도 못한 동네에, 가능성이라고는 아예 없는 줄로만 알았던 금액대의 집을 보고 있었는데도 '이게 정말 최선인가? 더 나은 선택지는 없는 건가?' 하는 생각이 들었습니다.

"쉬운 선택을 하면 어려운 결과가, 어려운 선택을 하면 쉬운 결과가 펼쳐진다."

"집을 살 때 돈이 아니라 꿈에 맞춰라!"

인강남 내집마련 강의를 들을 때 이렇게 계속 강조하시던 강사님의 목소리가 계속 머릿속을 맴돌았습니다. 여전히 유리천장 안에 갇혀 꿈이 아닌 돈에 맞춘 쉬운 선택지를 놓고 중대한 결정을 내리려 했음을 인정했습니다. 팔지 않을 자산을 사는 것임을 다시 한번 더 되새기면서 확신이 드는 집을 찾기 위해 더 높은 금액대의 물건까지 다시 후보지를 넓혀 여러 지역의 부동산을 쏘다녔습니다.

여름비가 추적추적 내리던 어느 날, 혼자 부동산을 돌던 남자친구 치즈 님에게서 연락이 왔습니다. 가격이 예산을 지나치게 초과하여 '한번 가보기나 하자.' 하는 마음으로 방문한 단지의 부동산에서 좋은 매물을 찾았다는 연락이었습니다. 당시 강남 3구는 이미 가격이 오를 대로 올랐던 터라 저희가 찾던 가격으로는 선택지가 그리 많지 않았고 그마저도 마음에 쏙 드는 집이 없었습니다. 제자리걸음을 하는 듯한 느낌을 받던 중, 처음으로 '오! 좋은데!' 싶은 집을 만났지만 기쁜 마음도 잠시, 우리의 예산으로는 ○억 원이 부족한 상황이어서 쉽게 결정을 내릴 수 없었습니다. 다시 노트를 꺼내들고 머리를 굴리기 시작했습니다.

'이렇게 해 보면 어떨까? 이게 안 되면 저 방법은 어떨까?'

간절하면 이루어진다던가요? 생각지도 못했던 그 집을 마침내 우리의 첫 신혼집으로 장만하게 되었습니다. 그제야 집은 돈이 아니라 용기로 사는 거라던 어른들의 말씀을 이해할 수 있었습니다.

생각지도 못한 금액대의 집을 살 수 있었던 비결은 바로 '사람'이었습니다. 운이 좋게도 인심 넉넉하신 매도인 할머님과 친절하신 세입자 가족분들을 만났고, 능력 있으신 부동산 사장님께서 중간에서 많이 도와주신 덕분에 모두가 만족하는 합의점을 찾아 계약이 성사되었습니다. 매도인 할머님과 세입자분의 배려가 없었다면, 그리고 부동산 사장님께서 적극적으로 도와주시지 않았더라면 이 집을 신혼집으로 맞이하기가 쉽지 않았을 것입니다.

### 신혼집 계약하던 그날이 아직도 생생! 지인들 도움으로 등기 완료!

계약하러 다시 서울에 올라가던 날이 아직도 생생히 기억납니다. 양손에는 짐을 가득 든 채 부동산 사장님과 매도인분, 세입자분께 드릴 과일바구니를 사서 겨우겨우 택시를 타고 부동산에 도착했습니다. 갑작스러운 선물에 받은 분들 모두 기뻐해 주셨고 저희도 좋은 집을 주셔서 감사하다며 머리를 깊이 숙여 인사드렸습니다. 사실 그날 남편 치즈 님은 매도인의 따님

양손에 짐을 가득 들고 계약하러 서울로 올라가던 날

께서 오히려 안심시켜 주실 정도로 얼굴에 긴장과 근심, 걱정이 역력했습니다. 저 역시 인생 일대의 결정을 내리던 순간이기에 두려움이 앞섰지만, 우리의 선택에 확신이 있었습니다.

 계약 이후에도 자금조달계획서며 세금과 대출 등 챙길 것이 많았지만, 인강남 내집마련 강의를 들으면서 알게 된 강남 3구에 먼저 내 집마련한 선배들의 도움으로 하나씩 헤쳐나갔습니다. 가족의 도움은 이루 말할 수 없이 많이 받았습니다. 정말 모든 것이 '사람' 덕분이었습니다. 부동산을 숫자로 바라보았기에 각종 데이터와 엑셀, PPT만 눈알 빠지게 작업하면서 '나는 점차 최고 실력의 부동산 투자자가 되어가고 있다!'고 착각했던 과거의 저를 반성하며 '부동산은 사람'임을, 더 나아가 '세상 일은 사람으로 통한다는 것'을 되새겼습니다.

## 어딘가에 있을 흙수저분들을 위해, 여러분도 강남 입성할 수 있습니다!

제 글을 읽으신 분들 중에는 "신혼집으로 강남에 집을 샀다고? 원래 돈이 많았겠지! 고소득자겠지! 나도 할 수 있는 게 아니라 너나 할 수 있는 일이네!"라고 넘겨짚으시는 분이 있을까봐 마지막으로 저의 개인적인 이야기를 하면서 글을 마칩니다.

저는 흙수저 중의 흙수저이고 평범한 공무원입니다. 남자친구는 중소기업 직장인이고요. 가난하게 태어난 건 죄가 아니기에 단적인 예를 솔직하게 이야기하자면 초등학생 때 이웃집 사람들과 같이 재래식 공동 화장실을 쓰는 낡은 주택에서 아버지와 저, 언니, 오빠, 이렇게 네 식구가 함께 지내야 했습니다. 이후에는 임대아파트로 이사 갈 수 있게 되었다며 기쁜 마음으로 이른 아침에 아빠와 오토바이를 타고 건설 현장을 둘러본 기억이 있어요. 어려웠던 어린 시절을 이야기하는 것이 개인적으로는 강남에 집을 사는 것보다 훨씬 더 큰 용기가 필요했습니다. 저처럼 가족과 함께 좋은 집에서 행복하게 사는 것이 꿈인 분이 있다면 부디 제 이야기를 남의 일로, 너나 가능했던 일로 치부하지 마시고 나도 할 수 있다는 용기를 가지셨으면 좋겠습니다. 내가 하고자 한다면 생각보다 기회는 멀지 않은 곳에 있다는 것을, 또 생각보다 어렵거나 어마무시한 용기가 필요한 일이 아니라는 것을 깨달으실 겁니다. 여러분의 용기를 응원합니다.

### 치즈 님 이야기
### 십자인대 수술까지 하며 지방 투자 감행! 뭔가 잘못된 건 아닐까?

2021년, 부동산 가격이 치솟는 모습을 보면서 부동산 공부를 해야겠다는 결심에 당시 유행하던 부동산 커뮤니티에 들어갔습니다. 이후 2년 동안 여러 지방을 돌아다니면서 무릎도 아픈 와중에 하루에 몇만 보씩 걸어 다녔습니다. 십자인대 수술도 받았지만, '이겨내야 한다'는 마음으로 경주마처럼 달린 결과, 지방에 있는 아파트에 투자하기에 이르렀습니다. 그 당시에는 부자에 한 걸음 다가갔다는 생각에 정말 뿌듯했습니다. 하지만 이러한 뿌듯함도 잠시, 갈수록 심해지는 다주택자 규제에 앞으로 어떻게 해야 할지 앞이 깜깜했습니다.

'이 방향이 맞는 건가?'
'무언가 잘못된 거 같은데 다른 강의를 들어보자.'

이렇게 생각하면서 여자친구인 로제 님과 함께 각종 부동산 유료 강의부터 자료까지, 들을 수 있는 건 전부 들어보고 임장도 다니면서 다시 부동산 공부를 시작했습니다. 부동산 공부를 하면 할수록 제가 가던 방향이 무언가 잘못되었다는 생각이 들었어요. 좋은 곳에 살고 싶어 시작한 부동산 공부인데 왜 자꾸 안 좋은 것만 사 모으면서 저 역시도 여전히 안 좋은 곳에서 맴돌고 있는지 반성하며 좀 더 좋은 동네로 이사 가야겠다고 다짐하게 되었습니다. 이러한 다짐을 계기로 강남역에서 유명한 인강남 내집마련 강의를 접하게 되었습니다. 하지만 오프라인에서만 강의를 들을 수 있어서 부산에 사는 제가 매주 서울까지 가기에는 너무 멀게 느껴졌습니다.

'가면 어떤 것을 알려줄까? 여기는 강남 위주로 알려주는 것 같은데 왜 강남이어야 할까? 강남에 있는 아파트를 살 수나 있을까?'

이런 고민을 안고 강의장으로 향했습니다. 그리고 강의를 들으면서 머리가 아팠습니다. '부동산을 여태껏 숫자로 보면서 엉뚱한 방향으로 가고 있었구나!' 하는 생각이 들며 우리 다시 제대로 해 보자며 로제 님과 함께 강남 입성의 첫발을 내디뎠습니다.

**매주 부산에서 올라와 강남 임장!**
**지방 투자 물건은 헐값에 눈물의 매도 성공!**

매주 잠잘 곳도 마땅히

없고 로제 님과 둘이 합치면 교통비도 왕복으로 한 주에 30만 원 가까이 들었지만, 찜질방에서 숙박을 하며 강남을 구석구석 둘러봤습니다. 이전에는 4만 보, 5만 보씩 무작정 여기저기 돌아다녔다면 이제는 맛있는 것도 먹고 좋은 것도 보면서 입주민의 마음으로 천천히 임장을 다녔습니다. 대한민국에서 가장 좋은 곳을 임장하다 보니 무척 신기한 것을 느끼게 되었습니다. 강남이면 먹는 것도, 입는 것도 전부 비싸서 강남에 들어가더라도 제 월급으로는 버틸 수 없을 거라는 생각이 가득했는데, 막상 강남에 가보니 저렴한 것들이 많았습니다. 오히려 같은 가격에 더 질 좋고 신선한 것을 즐길 수 있었어요. 그리고 수많은 인프라가 이곳에 집약적으로 모여 있다 보니 같은 생활 반경 안에서 훨씬 더 많은 것을 누릴 수 있음을 깨달았습니다.

이전에는 강남에 들어갈 수 없다고 생각했기에 마치 신포도를 바라보듯 강남의 단점만을 나열한 채 합리화했던 저 자신을 반성했습니다. 강남 곳곳을 돌아다니고 좋은 곳들을 구경하는 등 잠시나마 강남의 인프라를 누리면서 로제 님과 많은 이야기를 나눈 끝에 '우리도 좋은 곳에서 살아보자. 신혼집은 강남에 마련하자.'고 다짐했습니다. 하지만 안 그래도 비싼 강남 집값은 계속해서 고공행진 중이었습니다. 게다가 지방 아파트에 자금이 전부 묶여 있어서 수중에 현금도 얼마 없었습니다. 그래서 집을 사겠다는 마인드만 가지고 있다고 강남에 집을 살 수 있을지 걱정이 많았습니다.

게다가 아직 밥통이 덜 깨졌던 저는 보유한 지방 아파트 물건이 6개월 후면 비과세 구간에 접어들므로 수익에 눈이 멀어 팔기를 주저했습니다. 그래서 김빠지게 로제 님의 뒷통수를 쳤습니다. "지방 아파트가 2년이 안 돼서 세금도 많이 나오고 조금만 더 기다리면 좀 더 벌 수 있을 것 같은데, 2년만 채우고 팔면 안 될까?"라고요. 하지만 로제 님은 차분하게 저를 설득했습니다. 2년을 채우고 팔면 세금을 줄일 수는 있겠지만, 그동안 강남에서 신혼집을 마련할 기회는 더 멀어질 수 있다는 현실적인 이야기를 해 주었습니다. 정말 다행스럽게도 저는 로제 님의 말에 설득되었고 저 스스로도 많은 고민 끝에 지방에 있는 아파트를 팔기로 마음을 먹었습니다.

하지만 집을 매도하는 것은 정말 쉽지 않았습니다. 과거 호가만 보고 5,000만 원 벌었다고 설레발쳤던 시절이 부끄러울 정도로 그 아파트의 1년 거래 중 가장 싼 가격으로 매도했습니다. 그때 또 느꼈습니다. '집을 1채 팔기도 힘든데, 다주택으로 10채가 있었다면 얼마나 많은 경우의 수가 있었을까? 이 방법은 정말 쉽지 않겠구나.' 싶었습니다. 매도를 통해 총알을 장전했으니 이제 우리에게 맞는 집만 찾으면 됐습니다.

## 강남에 정말 우리 집이 있을까?
## 총알은 있지만 과녁이 없는 현실!

총알은 장전했지만 과녁이 없었습니다. 이전에도 강남에 임장을 다녔지만, 살 수 있다고 생각하지 못했기에 매물이 눈에 안 들어왔습니다. 하지만 정신을 차리고 찾아보니 매물이 금방금방 없어지는 게 느껴졌습니다. 부산에 살다 보니 서울을 들락날락할 수 없어서 짧은 기간의 통시간이 필요했습니다. 마침 여름 휴가 기간이라 로제 님의 휴가 기간과 맞춰서 내집마련 프로젝트를 시작했습니다. 단기 임대로 최대 한 달 계획을 잡고 좋은 집을 찾으려고 노력했습니다. 로제 님과 휴가를 완전히 맞추지는 못해서 3일은 혼자 부동산을 찾아 다녀야 했습니다. 사지도 않을 거면서 부동산을 들락날락할 때보다 훨씬 더 자신감을 가지고 부동산 사장님과 이야기했습니다. 하지만 부동산 시장도 저의 자신감처럼 활황이었습니다.

그때는 부동산 거래가 활발했던 2024년 7~8월이었습니다. 매물이 눈앞에서 순식간에 사라지고 가격을 깎아달라는 이야기는 꺼내지도 못했을 뿐만 아니라 계약을 한다면 오히려 매매가를 몇 억씩 올렸습니다. 저는 부동산에 갈 때마다 깨지지 않는 벽을 주먹으로 계속 치는 듯한 느낌이 들었습니다. 그만큼 원하는 가격대의 물건이 나오지 않았어요. 물건 자체가 없었고 올라온 가격도 너무 비싼데 집주인들이 더 올려서 팔려고 하니 힘이 빠지기도 했습니다. 부동산에 가기만 하면 "한 달만 빨리 오지 그랬어."라는 말을 여러 번 들어야 했고, 7~8월의 매우 더운 여름 날씨에 지쳤으며, 마음처럼 안 되어 크게 낙심했습니다. 게다가 저는 휴가가 일주일이어서 그 기간이 지나면 다시 부산으로 돌아가야 했기에 마음이 무척 조급했습니다.

그렇게 혼자 매물 찾기에 돌입한 지 3일째 되던 날이었어요. 그날도 다른 때처럼 부동산 사무실에 들어가서 사장님과 이야기를 나누었는데, 처음에는 크게 좋은 물건이 없다고 이야기하셨습니다. 저도 매번 똑같은 상황임을 알기에 "알겠습니다." 하고 이야기를 마무리 짓고 나가려고 하는데, 밖을 보니 갑자기 비가 매우 많이 내리고 있었습니다. 다른 분들과 달리 붙임성이 없는 저는 평소 부동산 사장님들께 편하게 속에 있는 이야기를 진심을 담아 하지 못했습니다. 하지만 비가 오는 바람에 밖으로 나갈 수가 없어서 부동산 사장님과 속 깊은 이야기를 많이 나누었습니다. 지방에 사는데 여자친구랑 강남으로 꼭 오고 싶다고, 그래서 밤낮 가리지 않으면서 돌아다니고 있고 준비도 정말 많이 하고 있다고, 휴가 중에 단기 임대까지 하면서 열심히 공부하고 알아가고 있다고 털어놓았습니다. 비가 와서 부동산 밖으로 나갈 수가 없어서 억지로라도 이야기를 이어가기 위해 노력했습니다. 진심이 느껴졌을까요? 사장님이 앞에서 소개했던 매물 가격을 한 번 깎아보겠다고 하셨습니다. 이미 예산을 한참 초과

한 단지여서 그 가격도 너무 비싸게 느껴졌지만, 여태까지 봤던 매물 중에서 가장 좋은 조건이라는 생각이 들었습니다.

## 가성비가 아닌
## 평생 살 수 있을 만한 곳을 찾아서!

저는 곧바로 회사에서 일하고 있던 로제 님에게 전화했습니다. 로제 님도 이제껏 봤던 매물 중에 가장 좋은 것 같다고 했습니다. 그래서 다음 날 로제 님과 함께 그 지역을 다시 방문한 후 매수 후보 물건들을 다시 살펴보면서 추가 후보지도 물색하여 계속 우리 집 찾기에 매진했습니다. 부동산을 자주 다니다 보니 점점 어떤 매물이 좋은지 눈에 들어오기 시작했습니다. 가장 저렴하지만 그만큼 덜 좋은 곳과 좋은 동네의 적당히 싼 물건 2가지 중에서 선택의 기로에 빠졌습니다.

과거였으면 무조건 싼 곳을 선택했을 것입니다. 제가 살 곳이 아니었기에 싸게 사서 비싸게 팔 생각만 했기 때문입니다. 하지만 이제는 그곳에서 평생을 살 수도 있다는 시선으로 바라보니 막연하게 싼 것만 눈에 보이지 않았습니다. 그러다 부산으로 돌아가기 하루 전날 좋은 동네의 적당히 싼(하지만 우리에게는 너무 비싼), 그리고 부동산 사장님이 깎아보신다고 했던 매물로 결정하게 되었습니다. 최종 결정을 했지만, 막상 실행에 옮기려니 적은 돈이 아니라서 심장이 두근거리고 긴장이 되었습니다.

로제 님과 단기 임대 마지막 날까지 어떻게 할지 한참을 고민했습니다. 거듭되는 걱정에 전날 양재천에서 얼마나 걸었는지 기억도 안 납니다. 다음 날 아침, "그래! 한번 해 보자!"며 부동산 사장님께 연락해서 바로 가계약금을 보내겠다고 말씀드렸습니다. 그렇게 우리는 강남 입성에 조금 더 가까워졌습니다. 막상 가계약금을 보내고 나니 잘한 것인지 흔들리고 살짝 겁도 났습니다.

드디어 계약서를 쓰는 날이 다가왔습니다. 매도인은 돈이 많은 할머님이신데, 더 큰 집으로 이사 가기 위해 기존에 세 주고 있던 집을 판다고 하셨습니다. 우리도 사정을 이야기하며 분위기 좋게 계약을 잘 마무리하고 마지막으로 우리가 산 집 근처를 한 바퀴 돌았습니다. 너무 꿈만 같았어요. 지방에 투자할 때는 '이거 팔면 얼마 벌 수 있을까?'라는 생각만 했는데, 이번에는 '좋은 환경에 살 수 있게 된 것에 감사하다.'는 생각만 들었습니다. 하지만 계약금만 보낸다고 제 걱정이 끝난 것이 아니었습니다. 나머지 과정도 잘할 수 있을지 무척 걱정되었죠.

## 우리 계약할 수 있을까?
## 인생의 2차 총력전을 펼치다

2024년 8월은 대출 규제가 강했던 시기였습니다. 그리고 스트레스 DSR(총부채 원리금 상환 비율)이라는 장벽도 다가왔습니다. 걱정이 많던 저는 대출이 안 나올까봐 발을 동동 구르면서 걱정했습니다. 생각보다 대출이 정말 안 나왔어요. 절망에 빠질 뻔했지만, 열심히 은행 발품을 팔았더니 원했던 대출액과 근접하게 나오는 은행을 찾을 수 있었습니다. 금액이 크다 보니 순간순간이 긴장됨의 연속이었어요. 자금조달계획서도 처음이어서 어떻게 써야 할지도 모르겠고 알맞게 준비하고 있는 건지도 헷갈렸습니다.

자금조달계획서는 인터넷에서 찾아봐도 정보가 잘 나오지 않아서 내집마련 강의를 함께 들었던 선배님들께 조언을 구하기 위해 메일을 얼마나 많이 보냈는지 모릅니다. 강남에 먼저 내집마련한 선배님들의 조언과 답신은 저희에게 앞이 깜깜한 와중에 희망을 보여주는 하나의 빛이었습니다. 덕분에 걱정 많은 제가 자금조달계획서와 대출까지 잘 마무리할 수 있었습니다.

아직도 넘어야 할 산이 많지만, 뒤돌아보니 이미 많은 산을 넘었더군요. 겁쟁이가 변했습니다. 그리고 강남에 들어가기 위해 많은 변화와 성장을 경험했습니다. 대출 상환을 위해 부수입도 벌기 시작했고 이직도 했습니다. 사람은 엄청난 변화가 생겼을 때 스트레스를 받지만 적응하려고 노력합니다. 인생의 2차 총력전으로 임했고 가족과 주변 사람들의 도움을 너무 많이 받아서 더 이상 뒤로 물러설 곳이 없습니다. 무조건 지켜내야 한다는 생각밖에 없어요. 지키기 위해, 더 벌기 위해 계속 성장해야 한다는 생각이 가득합니다. 강남을 제대로 누리기도 전에 성장을 위해 벌써 열심히 노력하고 있는데, 실제로 그 환경을 누린다면 얼마나 더 행복하고 풍요로운 삶이 저에게 다가올지 기대가 됩니다. 많은 분이 저와 함께 인강남을 통해 좋은 환경을 함께 누리고 더욱 성장하는 삶을 보내면 좋겠습니다. 감사합니다. 무엇보다 함께해 준 로제 님에게 너무 감사합니다.

**뜨거운 여름날, 강남 내집마련을 위해 아침부터 매물을 찾아 헤매던 우리**

## 지방 3채 + 실거주 1층 매도 성공! 송파로 이사 왔어요!

제이제이 님

∴ 제이제이 님 ∵

## 6개월 만에 쓰는 실거주 경험담

안녕하세요? 강남 3구 송파로 갈 아타기에 성공한 제이제이입니다. 이제 입주하고 6개월이 지났네요. 아직도 우리 집과 단지를 보면 가슴이 두근거리지만, 마음을 가다듬고 늦게나마 실거주 후기를 올려봅니다.

둘째 아이의 그림 – 올림픽공원에서 형과 줄넘기하는 모습

어디서부터 이야기를 풀어나가야 할지 몰라 망설이면서 글을 썼다 지우고 다시 쓰기를 반복했네요. 저는 2023년 7월에 인강남 내집마련 강의를 듣고 1년이 채 되지 않는 시간 동안 서울 송파구에 내 집마련을 실현하게 되었어요. 미련하고도 조급하게 투자한 아파트 3채와 정말 매도하기 힘들다는 1층의 실거주 집까지 총 4채를 모두 매도하고 송파구로 이사했습니다. 처음에는 매주 강의를 수강할 때마다 너무나 고통스러워서 두통에 시달렸습니다. 차마 마주하고 싶지 않았던 자본주의의 이면과 제 현실을 직면하는 것이 너무 괴로웠거든요. 그래도 선배들과의 독서 모임에 열심히 참여하고 제가 이루려고 하는 것을 노트에 매일 100번씩 쓰기도 하면서 시각화하는 등 마음을 다잡았는데, 이렇게 후기를 쓰는 날이 오다니 너무 신기하고 감사할 따름입니다. ^^

"서울이 좋은 것을 누가 모르나요."
"그런데 제 상황이……."
"그런데 제 자금이……."
"그런데 제가 가지고 있는 집이 매도가 안 되어서……."
"그런데 아이들 전학이……."

아직도 이렇게 고민하시는 분들이 많을 거라고 생각합니다. 이런 분들께 조금이라도 도움이 되었으면 하는 마음으로 글을 씁니다.

## 무지한 부린이로 쉬운 선택을 했던 첫 집,
## 1층 집 매수

'세안고'……, '세안고등학교'?
"여보, 세안고등학교가 어디야? 여고야, 남고야?"

그렇습니다. 저는 엄청난 부린이었습니다. 그동안 부동산이나 재테크에는 전혀 관심이 없었어요. 몇 년 전 첫째가 초등학교에 입학하게 되면서 우리 가족의 첫 집을 급하게 매수해야 했습니다. 그래서 처음으로 '네이버 부동산' 앱에 들어갔더니 '○○중학교, ○○고등학교 학군'이라고 적혀있는 집 소개글이 보였습니다. 그런데 '세안고'라는 설명이 붙은 집들이 많았어요. '세안고'는 처음 들어보는 학교 이름이라 너무 이상해서 남편에게 물어보았답니다. 그때는 '세안고'가 고등학교 이름인 줄 알 정도로 저는 부동산 재테크에 너무나도 무지했습니다. 그리고 그 당시에 너무나도 쉬운 선택을 했습니다.

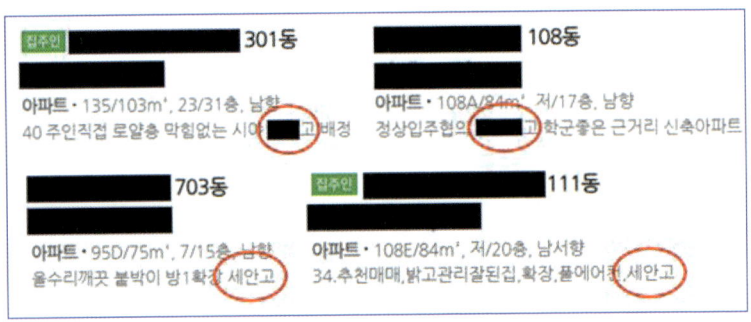

'네이버 부동산' 매물 정보를 검색하면 보이던 '세안고'

'영토 본능과 밖으로 떠밀려 내려가는 물고기'처럼 어릴 적부터 살던 동네에서 첫 집을 매수하며 서울 중심지에서 더욱 멀어졌습니다. '총력전이 아닌 쉬운 선택', 그것을 바로 제가 했죠. 전세로 살던 집보다 더 넓은 평형으로 넓히는 과정에서 덜컥 1층을 매수했고 그렇게 남은 돈으로 아파트 갭투자를 했습니다. '한정된 시간, 돈, 에너지 낭비'의 대표 주자가 바로 저였습니다. 출퇴근에 매일 2~3시간씩 걸렸거든요. 그 시간과 에너지를 아이들에게 투자하지 못하고 길에 버렸네요. 여러 가지 실수가 복합적으로 얽힌 조급한 선택이었지만, 그럼에도 부동산 상승장이라서 대한민국 전국의 주택 가격이 오르고 있었으므로 급하게 매수한 1층 집의 가격도 조금씩 상승하고 있었습니다. 그러다 보니 마치 제가 좋은 선택을 한 것처럼 들떴죠. 이것이 바로 '독배를 마신 경험'인 것도 모르고요.

### '다주택 시스템 투자' 환상에 젖어있던 시절, '역전세' 역풍을 거세게 맞다

난생 처음 마련한 내 집의 가격이 상승하다 보니 금방이라도 부동산을 통해 경제적 자유를 얻을 수 있겠다는 헛된 기대감이 생겼습니다. 그래서 부동산 투자에 대해 공부를 시작하게 되었어요. 부동산 공부는 사람들의 삶과 직결되어 있다는 것을 그때는 몰랐습니다. 그저 열심히 검색하고 발로 직접 뛰다 보면 다 잘 되는 줄로만 생각하고 그저 매물만 찾았습니다. 그리고 무모하게도 실거주 집을 매수한 지 두 달 만에 인근의 아파트 1채에 다시 투자했습니다. 그 이후에도 멈추지 않고 1년에 1채씩 지방에 총 2채의 아파트를 더 매수했어요. 지금 다시 생각해도 아찔하기만 합니다. 어떠한 리스크가 있는지 알려주는 사람도 없었고 저 역시 알려고 하지 않았어요. 다주택 시스템을 만들어 놓으면 경제적 자유에 이르게 될 것만 같았으니까요. 그런 환상에 젖어 현실을 외면하고 있었습니다.

그러다가 엄청난 역풍을 맞았습니다. 2022년 하반기에 아무도 예측하지 못한 금리 인상으로 전세대출 금리가 7%까지 상승하며 대출 이자 비용이 3배 이상 증가했습니다. 높은 금리로 전세 수요가 월세로 이동하다 보니 전세가 나가지 않았고 돈을 내줘야 하는 주인 입장에서는 전세를 싸게 내놓기 시작하면서 바로 역전세가 시작되었죠.

그해 겨울, 2년 전 단지 안에서 최고 전세가로 맞춰두었던 지방 물건의 전세 만기가 도래했습니다. 세입자는 전세가 더 저렴한 곳으로 이사하기 위해 저에게 이사를 통보했습니다. 그런데 그때 저는 그야말로 진퇴양난이었습니다. 전세 세입자의 이사 날짜에 맞춰 전세금을 돌려주어야 하는데, 집을 보러 오는 사람이 아예 없었거든요. 주변에 있는 수백 곳의 부동산에 전세를 내놓았고 폭설이 내리는데 눈을 맞아가며 우리 집을 소개하는 수백 장의 매도 전단지를 돌리기도 했어요. 하지만 지방 아파트 역전세와 하락이라는 시장 상황과 흐름을 막을 수 없다는 것만 뼈저리게 느꼈습니다.

 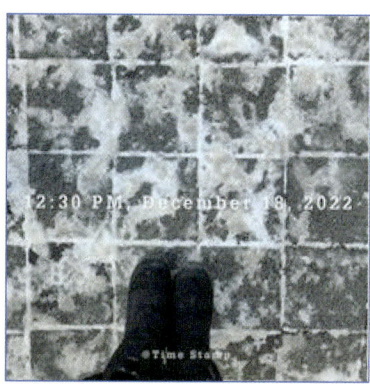

수백 장의 매도 전단지를 뿌렸지만 개미 한 마리도 안 보이던 그때…

## 1억이나 낮추어 겨우 전세 계약! 심한 우울감으로 원형탈모까지 오다

새로운 세입자의 입주 청소 비용부터 시작해서 보증보험 가입비 지원, 싱크대의 필름지 교체, 반려동물을 키우는 것까지 온갖 조건을 다 수용해 주면서도 전세 가격을 1억 원이나 더 낮추어서야 겨우 세입자를 받을 수 있었습니다. 방문하는 사람 자체가 없었기에 부동산 중개소는 철저하게 세입자 입장에 서있었습니다. 이때의 경험을 통해 다주택 투자, 특히 지방 투자에는 시기가 있으며 시장 상황은 개인이 절대로 이길 수 없다는 것을 뼈저리게 깨달았습니다. 가족에게 너무 미안한 마음과 함께 제 선택에 대한 화가 뒤섞이면서 우울감이 심해졌고 스트레스로 원형탈모까지 왔습니다. 남은 전세 물건들도 모두 역전세가 날 것만 같아 잠도 제대로 잘 수 없는 나날이었습니다.

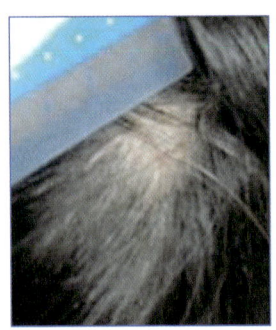 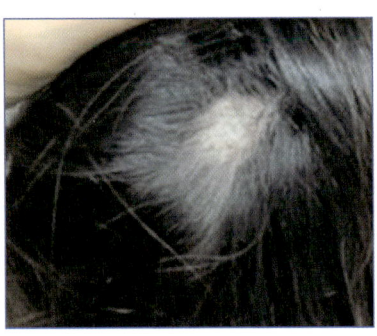

스트레스로 원형탈모까지 온 시절(지금은 치료받고 완치했습니다!)

## '큰 태양 마련'이 핵심!
## 이 간단한 사실을 왜 이렇게 멀리 돌아와 알았을까?

그러다가 지인의 강력한 추천으로 인강남 내집마련 수업을 듣게 되었습니다. 그리고 강의를 듣는 4주 내내 두통에 시달렸습니다. 너무나 듣기 힘든 이야기로 가득했으니까요. 외면하고 싶었던 자본주의의 진실과 저의 잘못된 선택으로 복잡하게 얽혀버린 현실을 직면하게 되었습니다. 그동안 모르는 척하고 있었던 어린 시절의 비참했던 기억이 떠올랐고 다음 세대인 우리 아이들이 경험하지 않기를 바라는 상황을 생각하니 너무 힘들었습니다. 어쩌면 더 쉬운 길이 있을 거라는 착각 속에서 신박해 보이는 다주택 시스템에 더 집착했다는 생각도 들었습니다.

강남 3구 상급지 임장을 할 때 우연히 서로 손을 잡고 여유롭게 걷는 사이 좋은 할머니와 할아버지의 뒷모습을 보았는데, 그 모습이 너무 보기 좋아서 부럽다고 느꼈습니다. 저도 아이들을 더 좋은 환경에서 키우면서 여유를 가지고 두 분과 같은 모습으로 늙고 싶다는 생각이 들었어요. 두 분의 모습을 사진으로 찍어 남편에게 보여주었고 조급하고 잘못된 선택에 대한 미안함과 함께 서울로 이사하는 것에 대해 진지하게 이야기하기 시작했습니다.

두 손을 꼭 잡고 걸어가시는 노부부

## 남편과 함께 멘토 선배 스터디를 듣고
## 서울 이사를 결정하다

정규 강의 수강을 원치 않는 남편에게 꼭 같이 듣자고 부탁해서 잠실샘 님, 잠실현 님의 멘토 선배 스터디를 함께 들었습니다. (서울로 이사를 결정할 수 있었던 계기가 된 수업이었습니다. 정말 감사합니다.) 이날 강의가 끝난 후부터 자연스럽게 우리가 이사할 수 있는 후보지와 관심이 가는 지역을 함께 돌아보며 남편과 이사 이야기를 진지하게 나눌 수 있었습니다.

처음에는 매도할 집이 여러 채여서 어떤 것부터 준비해야 할지 막막했습니다. 하지만 먼저 남편이 생각하는 서울 이사의 어려움, 그리고 남편이 알고 싶어 하는 것과 원하는 것에 귀를 기울이면서 가용 금액을 정리하고 가능한 대출의 종류와 순서, 정보 등을 치열하게 공부했습니다. 서울로 이사를 하겠다고 결심은 했지만, 주거지를 옮기는 일이 정말 쉽지 않은 문제였어요. 그리고 세입자들이 거주하고 있는 아파트들을 매도하는 것도 처음이었기에 정말 힘들었습니다.

당시 선배들과의 독서 모임에서 정말 많은 도움을 받았습니다. 너무나 감사하게도 매도와 매수 과정에서 생기는 어려움을 먼저 강남에 내집마련한 선배들에게 항상 물어볼 수 있었고 도움이 되는 답

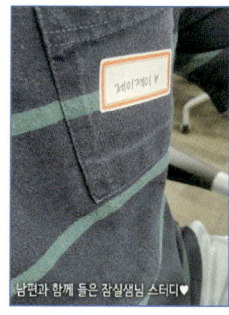

우리 부부가 처음으로 함께 들었던 잠실부부 님의 '멘토 선배 스터디'

도 많이 얻었습니다. 어디에도 말하지 못하는 고민이었지만, 먼저 경험한 선배들을 통해 용기를 얻으면서 지금 할 수 있는 것에 집중할 수 있었습니다.

### 고통스러웠지만 1년도 안 걸려 매도 성공!
### 큰 애가 6학년 되기 전까지 다 팔고 서울로 가자

인강남 내집마련 수업이 끝난 후 제 상황을 상세하게 하나씩 적으면서 살펴보았습니다.

'큰 아이는 현재 4학년이니 6학년이 되기 전까지 모든 투자 물건을 팔고 서울로 갈 준비를 하자! 맷돌들(지방에서 구입한 3채)과 실거주 집을 어느 정도 정리해야 자금에 대한 계획이 나온다. 얼마면 팔릴까? 만약 내가 매수자라면 얼마면 지금 이 시기에 집을 사고 싶을까?'

정신을 차리고 지방 갭투자 아파트에 살고 있는 세입자의 남은 전세 계약 기간과 현재 상황을 하나씩 적어보았습니다.

- **첫 번째 투자 물건(1호기)**: 남은 전세 계약 기간 4개월. 초등생 자녀를 키우는 3인 가족. 전세 계약부터 매우 까다로웠던 분들. 전세계약갱신청구권 사용 가능
- **두 번째 투자 물건(2호기)**: 남은 전세 계약 기간 10개월. 싱글 남자분 거주. 주변 전세가가 낮아진 상황. 전세계약갱신청구권 사용 가능
- **세 번째 투자 물건(3호기)**: 남은 전세 계약 기간 1년 6개월. 신혼부부. 역전세 1억 원으로 단지 내 최저 전세가로 거주 중. 단지 안에 있는 상가에서 치킨집 운영 중. 전세계약갱신청구권 사용 가능
- **네 번째 투자 물건(4호기)**: 영원히(?) 팔기 힘들다는 실거주 중인 1층 집

이미 손실이 확정된 투자 물건들이었습니다. 모두 전세계약갱신청구권을 사용할 수 있기에 세입자분들이 갱신권을 사용하면 2년이라는 시간을 더 잃을 수도 있다는 불안감이 있는 데다 몇 달 전 역전세 때문에 전세가를 최저가로 맞추어서 꼬일 대로 꼬인 상태였습니다.

'손해를 보더라도 다 해 보자. 내 가족이 더 좋은 환경에서 살 수 있도록 더 늦기 전에 서울로 이사를 가자.'

현재 상황을 생각만 해도 머리가 지끈거렸지만, 그동안 강의에서 배운 노하우와 '재테크 캠퍼스' 네이버 카페를 통해 알게 된 방법을 모두 동원하겠다고 마음먹었습니다. 그래서 1호기 지방 아파트 맷돌부터 엑셀 데이터가 아닌 사람을 중심으로 두고 양해를 구한 후 매도 프로젝트를 시작했습니다.

인강남 내집마련 강사 쏘쿨 님이 붙여주신 짱구 캐릭터 3개. 짱구 캐릭터 1개는 매도해야 할 물건 1개를 의미하는데, 매도 물건 1개는 사라진 상태

세입자와의 관계를 최우선으로 하면서 집을 잘 보여달라고 세입자분들께 부탁드리고 주기적으로 한우, 케이크, 커피 쿠폰 등의 선물을 보내드렸습니다. 또한 인근 부동산과 유기적으로 연락하며 아파트를 매입할 사람의 입장을 역지사지로 생각해 보면서 거래가 될 수 있는 상황이 되도록 만들어 나갔습니다. 세 분의 세입자분들과

처음에 통화했을 때는 모두가 이사 갈 의사가 없다고 했지만, 사람을 중심에 두고 진심으로 대하며 양해를 구하자 6개월 만에 모두 매도할 수 있었습니다.

- **1호기**: 세입자는 전세계약갱신청구권을 사용하지 않고 전세 2년 만기 이사함. 생애 최초 대출을 실행한 싱글 여성분에게 매도
- **2호기**: 세입자에게 인근에 더 저렴한 전세가 있음을 안내하면서 이사비를 제공하고 설득하여 남은 전세 기간보다 3개월 빨리 이사 나감. 투자자에게 매도
- **3호기**: 거주하던 신혼부부 세입자에게 매도. 처음에는 매수 의사가 없었지만, 세입자가 운영하는 치킨집에 직접 찾아가 아이스 브레이킹(ice breaking, 새로운 사람을 만났을 때 어색하고 서먹서먹한 분위기를 깨뜨리는 일)을 하면서 세입자의 의사를 묻고 원하는 가격대와 명의 상황 등을 파악한 후 부동산 사장님과 여러 차례 시장 상황을 알려드리면서 가격을 조율하여 매도

세입자가 운영하는 치킨집에서 여러 마리의 치킨을 직접 구입한 후 자연스럽게 이야기를 나누면서 현재 세입자의 상황을 파악할 수 있었습니다. 이렇게 구입한 치킨은 주변 부동산 사장님들께 드리면서 아파트가 빨리 거래될 수 있도록 최대한 부탁했습니다. 이제 와서 돌이켜 생각해 보면 정말이지 어깨를 제대로 펼 수 없었던 힘겨운 나날이었습니다.

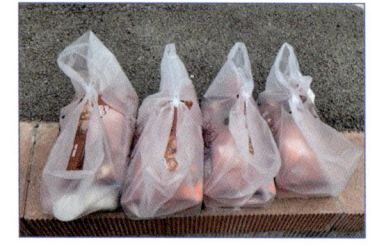

**세입자 가게에서 산 눈물의 치킨**

## 3채 매도, 이제 남은 건 단 1채!
## 손실 확정은 괴로웠지만 매도 단행!

다음 사진은 눈 내리는 날, 집을 매도하러 가면서 찍은 사진입니다. 확정된 손실 때문에 힘든 제 마음처럼 날씨가 안 좋았지만, 1채씩 차례대로 매도할 때마다 서울로 이사 가는 날이 가까워진다고 마음을 다잡았습니다. 이제 마지막 남은 물건은 매도의 끝판왕인 1층 실거주 아파트였습니다.

손실이 확정된 지방 아파트 투자 물건을 매도한 후 매도 잔금 받으러 가는 날

매수 심리가 꽁꽁 얼어버린 시장 상황 속에서 마지막으로 1채 남은 실거주 집을 사줄 단 한 명을 찾기 위해 갖은 노력을 다했습니다. 우선 우리 집을 소개하는 전단지를 만들어서 돌렸어요. 왜 이렇게까지 하냐는 남편과 이런 것이 모두 소용없다고 면박을 주는 부동산 사장님들의 말에도 저는 계속 노력했습니다.

마지막 남은 못난이 1층 아파트를 매도하기 위해 만든 전단지

    날씨가 좋지 않아서 나가기 싫은 날에는 1층은 평생 팔 수 없을지도 모른다는 강사님의 이야기가 귀에 울리는 듯했습니다. 그 덕분에 비가 오나, 눈이 오나 매일 전단지를 돌릴 수 있었습니다. 이 과정에서 제가 수강했던 '재테크 캠퍼스 쏘쿨스쿨' 선배들의 매도 노하우와 쏘쿨 님의 칼럼에 나오는 이야기를 적용하면서 노력했습니다. (여러 채를 매도하신 선배님들의 귀한 이야기, 정말 잘 읽었습니다. 감사합니다. ㅜㅜ)

    1층이기에 아이들을 키우는 가족을 타깃으로 생각하고 접근했는

데, 텃밭을 가꾸는 것이 꿈이었던 노부부께서 매수하셨습니다. 강사님의 말씀처럼 우리 집을 정말 마음에 들어 하는 분들에게 매도하는 것이 얼마나 기쁜 일인지, 그리고 인테리어가 잘 되어 있으면 매도할 때 얼마나 큰 힘을 발휘하는지를 알게 되었습니다. 그 동안 임장하면서 가시 같은 말로 흠을 잡고 가격을 깎으려고 했던 일이 얼마나 어리석고 미련한 행동이었는지 이번 경험을 통해 알았습니다. 신랑은 저에게 왜 이렇게 조급하냐고 이야기했었어요. 하지만 4채를 모두 매도하고 나니 이것이 가능할 줄 알았으면 조금 더 서둘러서 둘째 아이가 초등학교에 입학하기 전에 다 매도했으면 좋았을 것이라고도 했습니다.

### 매수에 총력! 드디어 내 집 발견!
### 부동산과의 소통 + 꼼꼼한 자금 계획이 큰 힘!

이제는 매수에 총력을 기울였습니다. 실거주 아파트까지 매도한 후 대출 전문가 숀군 님 강의를 수강하며 준비했던 자금 계획을 남편과 함께 더 구체적으로 검토하면서 매수를 위해 노력했습니다. 서울 이사에 대한 확신과 믿음은 한층 더 단단해졌고 남편과 함께 더욱 신중하고 치열하게 집을 찾을 수 있었습니다. 다른 무엇보다 아이들이 안전하게 클 수 있는 환경(공원, 학원가, 병원)과 지하철역이 가까운 곳, 햇볕이 따뜻한 집이면 좋겠다는 생각을 하며 부동산을 열심히 찾아다녔습니다. 그러다 드디어 마음에 드는 집을 만나게 되었습니다.

매수하고 싶은 집은 세입자가 살고 있었고 매도자는 다른 지역으로 이사 예정이었어요. 그런데 매도자는 이미 이사할 집에 계약금을 보낸 상태였으므로 세입자와의 만기 계약이 끝나기 전에 먼저 보증금과 이사할 집의 중도금을 내어주어야 하는 상황이었습니다. 하지만 제가 매수하려고 다시 집을 보러 갔을 때는 매도자가 필요한 자금을 외부에서 구한 상태였으므로 호가를 ○억 올려서 다시 집을 내놓았습니다. 하지만 다행히 꾸준히 방문했던 부동산 사장님은 우리의 상황과 간절함을 잘 알고 계셨으므로 세입자의 이사 시기와 매도자의 상황을 세밀하게 살펴보시고 매도자를 설득하여 이전 가격으로 네고하고 잔금 전 공실이 된 집을 먼저 인테리어까지 할 수 있도록 조율해 주셨습니다. 그 결과, 일사천리로 서울 송파구의 아파트를 매수할 수 있었습니다.

이것은 단번에 이루어진 결과가 아니었어요. 자주 부동산을 찾아가 소통하면서 좋은 조건의 집이 나왔을 때 어느 누구보다 저에게 먼저 연락할 수 있도록 준비해 두었기에 가능했습니다. 그리고 아파트 가격, 취득세, 인테리어 비용을 포함한 자금 계획을 꼼꼼하게 정리해둔 것이 큰 힘이 되었습니다. 몸도 마음도 힘들어서 포기하고 싶은 순간이 많았고 매수 과정에서 여러 부동산 사장님과 매도자에게 흔들리고 치이면서 시행착오도 많이 겪었습니다. 하지만 최선을 다해 선택하여 드디어 서울에 내집마련을 하게 되었습니다.

숨어있는 ○억을 찾아준 숀군 님의 대출 수업!

## 서울은 스스로 깰 수 없었던 유리천장 같은 것!
## 돌고 돌아 드디어 서울 입성 성공!

대학교를 졸업한 후 제가 정말 하고 싶은 것을 배우겠다고 서울에 있는 대학원에 진학해 다녔고, 서울 강남 3구에 있는 회사에 입사했으며, 아이를 키우다 큰 수술을 했을 때도 서울에 있는 병원에 입원했어요. 하지만 그동안 정작 서울에서 거주할 생각은 못 했습니다. 경기도민인 저에게 서울은 마치 스스로 깰 수 없었던 유리천장 같은 것이었어요.

10년이 넘는 워킹맘 생활을 하며 매일 왕복 2~3시간씩 길에서 버린 시간과 아이들을 보기 위해 눈물지으며 달려갔던 지난 모습이 떠올랐습니다. 잘못된 선택으로 돌고 돌아왔지만, 이제는 더 좋은 환경에서 가족과의 충만한 삶을 경험하고 있습니다. 서울로 이사한다고 하니 정말 한 분도 빠짐없이 진심으로 축하해 주셨고 걱정이 많으셨던 양가 부모님도 아들과 딸이 서울로 이사했다고 엄청 뿌듯해 하셨어요. 이사한 후에는 주말마다 캠핑이나 호캉스를 하지 않아도 아이들과 서울의 풍부한 인프라를 다양하게 경험하면서 가족과 즐거운 시간을 갖고 있습니다.

아이들과 행복한 집 근처 서울 나들이

## 공원, 학교, 병원 인프라를 마음껏 누리며
## 서울 생활 만끽!

올림픽공원과 서울숲으로 나들이를 가고, 여름방학에는 하하호호 올림픽 물놀이장(송파구 올림픽공원 무료 수영장), 롯데월드 연간회원권, 잠실 야구장(서울종합운동장 야구장), 올림픽수영

올림픽공원이 가까워 매일 마라톤을 즐기는 기쁨 만끽!

장, 축구장, 콘서트, 석촌호수 뮤지컬 공연을 즐기며, 지하철로 박물관, 미술관 등등 어디든지 갈 수 있습니다. 게다가 병원도, 식당도, 학원도 모두 집 가까이에 있어 걸어서 이용할 수 있어요.

런닝이 유일한 취미인 신랑은 매일 올림픽공원과 한강으로 가서 운동을 하고 출장을 갈 때는 수서역 SRT를 이용하면서 서울의 인프라를 마음껏 누리고 있습니다. 지난 오랜 시간 불안감 때문에 서로를 원망하며 날카롭고 아프게 상처를 주었지만, 이제는 이렇게 힘든

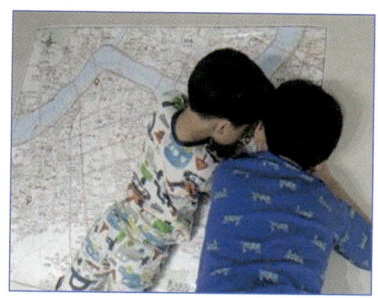 

강남 3구 지도를 보며 서울에 부쩍 관심이 많아진 아이들

마음이 안도감과 감사함으로 바뀌었습니다.

1학년, 5학년인 두 아이들은 서울에 있는 새로운 학교로 전학해야 했는데, 이사를 오기 싫다고 우기는 바람에 엄마로서 걱정이 많았습니다. 하지만 이사 후 두세 달 정도 지나고 나니 5학년이 된 아들은 저에게 이렇게 말하면서 완전히 적응 완료했다고 하더군요. ^^

"엄마, 이사 오고 엄마는 만족도 5점 만점에 몇 점이야? 나는 지금 5점에, 더 지내보면 6점도 넘을 것 같아. 진짜 사람들이 너무 친절해. 서울은 새로운 경험을 많이 할 수 있어서 너무 좋아."

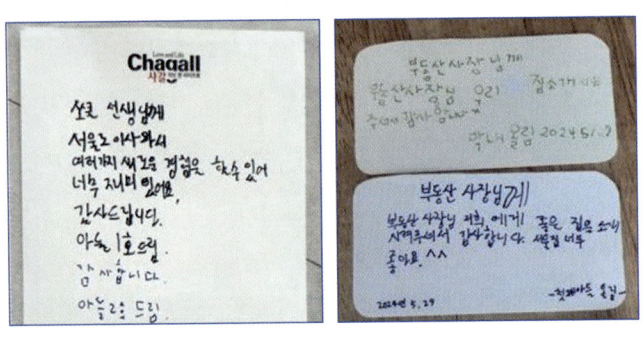

서울 학교에 완전하게 적응한 후 감사한 마음을 표현한 아이들의 편지

이전에 살던 지역에서는 병원에 진료받으러 가면 대기가 177명인 적도 있었습니다. 지금은 아파트 주변에 좋은 병원들이 많다 보니 기다리는 시간도 크게 줄었습니다. 이사 오기 전에 다니던 소아

과 병원 근처에는 유흥가가 있어서 아이들이 간판의 글씨를 읽는 것이 너무도 싫었습니다. 그런데 지금은 아이들이 집 근처에 가득한 학원 간판의 글씨를 읽고 있는 모습을 보면서 주변 환경이 많이 바뀌었음을 직접 느끼고 있습니다.

환자가 너무 많아 진료받기 힘들었던 이전에 살던 경기도 지역의 병원

## 임장하며 밖에서 찍던 발 사진? 이제는 집에서 아이들과 발 사진!

이전에는 지방 곳곳으로 임장을 다닌다고 애먼 장소에서 낯선 사람들과 발 사진을 찍곤 했어요. 하지만 지금은 아이들과 도서관에서 함께 빌린 책을 읽어주면서 발 사진을 찍습니다. 시스템 투자로 단기간에 부자가 되겠다면서 허황한 꿈에 빠져 에너지를 낭비하지 않고 좋은 에너지로 매일 아이들의 잠자리에서 책을 읽어줍니다. 아이들도 신이 나서 "나도, 나도!" 하고 외치며 침대로 다가오면 가족이 함께 모여 옹기종기 발 사진을 찍는데, 저는 이 순간이 너무너무 행복합니다.

지난 1년 동안 정말 많은 일이 있었지만, 두 아이는 새롭게 전학한 학교에서 잘 적응하고 있습니다. (초등학생 자녀를 두신 가족분들을 응원합니다. ^^ 저와 우리 가족이 올바른 선택을 할 수 있도록 방향성을 잡아주신 쏘쿨 님과 대출의 힘을 알려주신 대출 전문가 숀군 님, 그리고 여러 채의 집을 매도하는 과정에서 놓칠 수 있는 부분까지 꼼꼼히 챙겨주신 세무사 겨울눈꽃◆ 님께 진심으로 감사드립니다. 강의를 들으라고 강하게 설득해 준 동료들과 쏘쿨스쿨 동기분들에게 너무 고맙고 매도, 매수, 잔금, 인테리어 과정에서 함께 고민해 주신 선배님들께도 감사드립니다.

잘 적응하고 있는 두 아이와 남편에게도 고마운 마음을 전합니다. 그리고 포기하지 않고 올바른 선택을 한 저 자신에게도 '정말 수고했다! 장하다!' 하는 고마운 마음을 보냅니다. 인테리어가 끝난 사

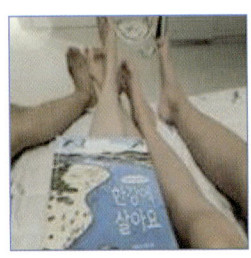
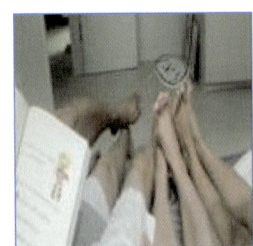
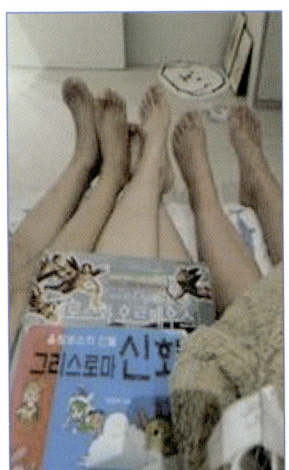

낯선 이들과 임장하며 찍던 발 사진은 이제 그만! 아이들과 발 사진을 남겨보아요!

진과 따뜻한 햇살을 받는 사진을 마지막으로 이 글을 마무리하겠습니다. 햇볕도 안 들고 곰팡이 피는 1층 집을 벗어나 따뜻하고 밝은 햇살이 들어오는 집으로 이사해서 매일 너무 행복합니다. 제 글을 읽어주셔서 감사합니다. 많은 분의 인강남 내집마련 총력전을 진심으로 응원합니다!

**곰팡이 피던 1층 집 탈출! 인강남 내집마련 인테리어 완료!**

---

◆ **겨울눈꽃**: 11년 차 세무사로서 현재 다온세무회계 대표 세무사. 매년 200건 이상의 세금 상담 및 누적 상담 1,000건 이상으로 부동산 전문 세금 강의를 진행하고 있다.

**12**

# 짧고 굵게!
# 반포 진입 3개월
# 총력전 보고서

타미 & 해피 남

∵ 터미 & 웨피 맘 ∵

## 넘사벽 반포!
## 내가 이곳의 주인이 되다니!

저희는 약 3개월간의 매수 총력전을 경험하고 지금은 이곳 반포에서 행복한 하루하루를 살고 있습니다. 이 글을 쓰고 있자니 문득 힘들고 우울했던 매도 시기와 상급지 이동을 위해 올인했던 그날이 떠오릅니다. 그전까지는 있는지도 몰랐던, 감히 넘볼 생각조차 하지 못했던 반포! 하지만 인강남 내집마련 강의를 들은 후 입지에 눈을 뜨게 되면서 반포가 저의 타깃 단지 리스트에 올라오게 될 거라는 걸 그전에는 상상이나 했을까요? 이 동네를 걷고 있는 지금도 가끔씩 실감이 나지 않습니다. ChatGPT에게 "실감이 나지 않는다는 말을 좀 더 자세하게 표현해 달라."고

하니 이렇게 답변하네요.

"마치 꿈속에서 헤매는 기분이 들어요. 이 거리의 풍경과 소리, 그리고 공기 냄새까지도 모두가 현실과 꿈의 경계에 서 있는 것 같아요."

예! 이 표현이 정말 정확합니다. 실거주 1년이 지난 이 시점에도 저는 꿈과 현실의 경계에 있는 것처럼 느껴집니다.

풍경과 소리, 공기 냄새까지 모두 아름다운 반포!

돌이켜보면 3개월이란 시간은 한 사람의 인생 전체에서 길지 않은 시간일지도 모릅니다. 그러나 이 시간은 한 사람의 인생, 그리고 그 자녀와 가족의 인생을 바꿀 수 있는 매우 중요한 시간이었다는 생각이 듭니다. 혹시라도 이사를 계획하고 있다면 가볍게 판단하지 말고 신중하시기를 바랍니다. 그리고 저의 경험이 도움이 되기를 바라는 마음으로 내집마련 경험담을 공유하려고 합니다.

### 올바른 방향성 정립!
### 나침반 들고 보물섬을 향해 앞으로!

2023년 6월 어느 날, 다른 부동산 카페 강의를 거쳐 '재테크 캠퍼스 쏘쿨스쿨' 초급반 수강을 마친 아내의 손에 이끌려 잠실샘 님의 멘토 선배 스터디를 듣게 되었습니다. 그전부터 열심히 임장 다닌 와이프가 새삼 대단하기도 했고 (물론 저는 그 시간에 육아를 담당하고 있었죠. ^^) 그토록 인서울 인강남을 외치던 이유가 무엇인지 무척 궁금했습니다.

제가 어릴 때 살던 동네는 비행기 소음으로 유명한 김포공항 근처에 있는 양천구 신월동입니다. 그러나 어릴 때부터 쭉 살았으므로 소음이 많고 달동네여서 싫다는 생각도 없었고 학군이나 교통, 직주근접에 대해서도 생각해 본적이 없었습니다.

### 왜 이 동네를 벗어날 생각을 못했을까?
### 내 아이에게만은 좋은 환경을 물려주고 싶다!

사회 초년생일 때 강남까지 출퇴근길이 너무 막혀서 아침 6시 15분에 만원버스에 끼어서 출근할 때도 이 동네를 떠나야겠다는 생각은 해 본 적이 없었습니다. 그러나 잠실샘 님의 멘토 선배 스터디를 듣고 난 후 어렴풋이 왜 인서울 인강남이 필요한지를 새삼 깨닫게 되었습니다. 태어난 곳은 부모님이 정하셨지만, 제 아이가 자랄 곳은 제가 선택할 수 있다는 것을요. 제 아이에게는 좋은 환경을 물려주고 싶었습니다.

그래서 저도 아내가 들었던 인강남 내집마련 강의를 수강하게 되었습니다. 그러면서 차츰 제가 살던, 당연하게 오르막이고 당연하게 술집 가득한 동네가 아닌 환경 좋은 상급지를 바라보게 되었습니다. 그러나 그 당시 부동산 시장은 현재가 고점이라는 기사를 쏟아내며 하반기부터는 하락세로 돌아설 거라는 추측이 많았습니다. 부린이였던 저는 지금이 움직여야 할 시점인지 잘 몰라서 막연한 의구심으로 가득 차 있었습니다. 하지만 아이가 내후년이면 초등학교에 입학해야 했고 한 번 이사 가면 10년 이상 살아야겠다는 생각으로 당장의 시장 분위기는 잊기로 했습니다. 그래서 그때부터 상급지로 이동해 보자고 다짐했습니다.

## 3개월 동안 입질도 없던 매도 과정, 1억 이상 손해 보는 상황

그해 6월부터 살고 있던 집을 내놓았습니다. 동작구에서 오래 살겠다고 집을 올수리하고 아메리칸스탠다드 제품으로 화장실도 꾸몄지만, 1년 4개월 만에 이사를 결심했습니다.

매도 초반에는 분위기가 좋았습니다. 일주일에 한두 팀씩은 꼬박꼬박 우리 집을 보러 왔고 제가 살고 있는 아파트 단지는 리모델링 호재뿐만 아니라 위치도 꽤 좋았습니다. 내집마련 강의에서 배운 대로 컨디션과 주변 시세를 고려해 우리 집을 가격 경쟁력까지 갖춘 주변에서 1등 매물로 만들었습니다. 그러나 한 가지 문제는 우리보다 더 좋은 위치에 있는 단지가 급매로 팔린 후 이것이 기준이 되어 시장가가 형성되었고 매수자들이 그 가격 위로는 쳐다보지 않는다는 것이었습니다. 이렇게 시간이 흘러 2달이 지나고 우리는 강의를 들으면서 알게 된 선배님들께 배운 대로 매도 전단지를 만들어 40군데 정도의 부동산에 돌렸습니다.

처음에는 비 오는 날에 오후 반차를 써서 우리 단지 부동산뿐만 아니라 주변 단지에도 매도 전단지를 돌리면서 발품을 팔았습니다. 그러나 입질이 영 오지를 않았습니다. 3개월이 지나자 점점 우울증이 오기 시작했고 조바심이 났습니다. 불안한 마음을 잡기 위해 템플스테이를 해야 하나 고민도 하고 평소에 연락도 안 하던 친구에게 전화해 위안을 삼기도 했습니다. 하지만 병의 근원이 낫지 않는 한 우울증은 지속되었습니다.

이대로는 안 되겠다 싶어 이번에는 한여름 땡볕에 오후 반차를 써서 부동산 50군데를 더 돌았습니다. 이렇게 총 100군데의 부동산에 우리 집을 매물로 올렸습니다. 우리 집과 시세가 비슷한 단지뿐만 아니라 약간 아랫급의 단지, 2km 정도 떨어진 단지와 나홀로 아파트까지 지푸라기라도 잡는 심정으로 열심히 부동산을 돌았습니다. 보통은 전단지를 돌리면 젊은 사람이 열심히 한다고 칭찬해 주셨지만, 몇몇 부동산 사장님은 이렇게 말씀하셨습니다.

"전단지, 이런 게 바로 당신 집이 안 팔린다는 반증이야."
"요즘 누가 그 금액에 거길 사요?"

저는 멘탈이 무너졌습니다. 가격이 싸면 팔리겠지만, 그러면 매수 금액이 부족해지니 다시 정신을 부여잡고 남은 전단지를 마저 돌렸습니다. 그때가 가장 힘든 시기였습니다. 우울증이 저에게서 떠나지를 않았고 미래는 불투명했습니다. 어느덧 매도를 시작한 지 3개월이 지났는데, 어떤 노부부께서 우리 집을 보고 가신 후 5,000만 원만 네고해 주면 사겠다고 하셨습니다. 이때만 해도 우리 집이 주변에서 1등 매물이라고 알고 있어서 5,000만 원이나 매도 가격을 낮추는 것은 말도 안 된다고 생각했습니다. 그러면 우리가 매수한 금액에서 1억 이상 손해를 봐야 하는 상황이었으니까요. 강남을 시작으로 잠실 등 주변으로 매수세가 불붙으면서 뜨거웠지만, 유독 우리 동네에서만 차가웠습니다. 그래서 우선 네고하기로 결심하고 2,000만 원 정도 낮추겠다고 전달했더니 안 산다고 하시네요. 3,000만 원 정도까지 이야기했지만 그래도 안 산다고 하셨어요. 우리는 한참 상의한 후 "그래, 산다는 사람 있을 때 팔자!"고 결정하고 눈물을 머금고 5,000만 원을 네고했습니다.

그달 말 저녁에 계약서를 쓰기 위해 부동산에서 만나기로 약속했습니다. 그런데 부동산에서 잘못 전달한 것일까요? 우리는 그날 계약서를 쓰는 줄 알고 도장을 챙겨서 부동산에 도착했는데, 매수를 희망하는 노부부의 아드님이 집을 못 봐서 보러 온 거라고 합니다. 우리는 저녁도 못 먹은 채 다시 집으로 돌아가서 집을 보여드렸는데, 그분들은 다음 날 연락을 준다고 했습니다. 매매 계약하는 줄 알았던 우리는 뭔가 잘못 전달되었는지는 모르지만, 이미 마음이 상해 버렸습니다. 가격도 후려치고, 약속도 어기고, 마음이 너무 상해서 그분들께는 집을 팔고 싶지 않았습니다. 그러나 어쩌겠습니까? 사려는 사람이 나타났을 때 가격과 기분을 맞추어야죠. 다행히 다음 날 저녁에 그분들이 계약서를 쓰자고 연락이 왔고 우리는 드디어 매도를 하게 되었습니다.

## 매도 과정에서 멘탈이 무너지다!
### 매도 후 배우고 느낀 점

우리 집을 이득을 보고 팔지 못해서 멘탈

이 많이 무너졌습니다. 그래도 매도 과정에서 다음의 사항을 배웠습니다.

> ① 매수 우위 시장에서는 우선 매도 가격에 메리트가 있어야 합니다. (사는 사람 입장에서 평가 금액 대비 싸게 주고 산다는 기분이 들어야 해요!)
> ② 우리 집이 매물 중에서 가격으로나, 컨디션으로나 1등을 선점하고 있는지 주기적으로 체크해야 합니다. (우리 집이 처음에는 1등이었으나 나중에는 1등이 아닌 것을 뒤늦게 알게 되었어요!)
> ③ 우리 집보다 우위인 단지에도 매물을 내놓는 게 좋습니다. "상위급 단지에서 왜 우리 집을 보러 오겠어?"라고 생각했지만, 그 단지의 전세 세입자가 보러 올 수도 있고 자식들에게 증여하기 위해 볼 수도 있다는 것을 깨달았습니다.

돌아보면 마이너스 5,000만 원이라도 정말 잘 팔았다는 생각이 듭니다. 병의 근원이 사라지니 저의 우울증은 점차 나아졌습니다.

## 경부고속도로 왼쪽 아파트 매수 성공!
## 지성이면 감천!

우리는 부동산에 매물을 올려둠과 동시에 매수할 곳도 함께 알아보기 시작했습니다. 매주 아내, 아이와 함께 여기저기 놀이터 임장을 많이 다녔습니다. 그러나 그때는 우리 집을 팔지 못했으므로 집을 보고 급매를 알아보는 게 아무 의미가 없었습니다. 이렇게 집을 보러 다니는 사이 인기 단지의 호가는 점점 더 오르기 시작했습니다. 8월쯤 되니 이미 우리가 보고 있던 단지는 저만치 날아가 있었습니다. 하는 수 없이 우리는 후보지였던 몇 개의 단지를 포기하고 경부고속도로의 오른쪽에 있는, 유흥가와 가깝지만 예산에 맞는 후보지를 최종적으로 확정하기 위해 인강남 내집마련 강사님께 문의 메일을 보냈습니다. 8월 말 집을 매도한 직후 강사님께서 답변을 주셨는데, 경부고속도로의 왼쪽을 사야 한다고 조언하셨습니다. 우리는 이미 매도와 동시에 서초동에 매수할 집을 봐 둔 상태였지만, 마침 그다음 날 집을 팔겠다던 집주인분께서 자기가 살겠다고 말을 바꾸셨습니다.

**매주 온 가족이 함께 다닌 놀이터 임장**

집을 매도한 다음 날부터 찾아낸 유력 매수 후보지는 결국 초기화되었습니다. 이제 마음을 다잡고 월요일부터는 후보지를 6곳 정도로 정하고 각 후보지마다 부동산 5곳씩, 총 30곳의 부동산에 매일 전화를 돌리겠다고 다짐했습니다. (후보지는 우리가 예산으로 잡은 곳보다 커트라인을 조금 올려서 선정했습니다.) 전화 돌린 결과를 정리하기 위해 간단한 양식도 작성했습니다. 세 번째 후보지에 있는 부동산에 전화를 2곳쯤 돌렸을 시점이었을까요, 예산상의 이유로 부동산 실장님께 A 단지 매물을 묻던 저는 생각지도 못한 B 단지의 매물을 소개받게 되었습니다.

"B 단지 매물이 ○○원에 나와 있는데 소개해 드릴까요?"
"거기는 너무 좋지만, 저희가 생각한 △△보다 예산이 너무 많이 오버해서 힘들 거 같아요."

저는 이런저런 상황을 설명하면서 딸아이를 키우고 있어서 교육도 염두에 두고 있고 열심히 모은 돈으로 구입하는 거라 오래 살고 싶어서 그 동네를 알아보고 있다고 아이스 브레이킹을 했습니다. 예산이 부족했지만, 우선 내부가 어떻게 생겼는지 너무 궁금해서 우리는 그날 저녁에 당장 B 단지 매물을 보러 갔습니다. 너무 마음에 들었지만, 금액이 문제였습니다. 그런데 다음 날 오후에 부동산 실장님에게서 전화가 왔습니다. 글쎄 실장님이 오전 반나절 동안 매도자분을 계속 설득해서 우리가 생각했던 금액에 맞춰주신다는 겁니다. 실장님께서 딸아이를 키우면서 열심히 살고 있는 부부에게 좋은 일 한다 생각하시라고 매도자분을 잘 설득해 주신 모양입니다.

"네? 정말요??? 그렇게 해 주신다고요? 그러면 오후에 한 번 더 집을 보러 갈 수 있을까요?"

저는 햇빛이 잘 들어오는 것까지 확인한 후 누가 채가기 전에 얼른 계약금을 쐈습니다. 계약금을 적게 넣어서 혹시나 계약이 불발되면 어쩌지 조마조마했습니다. 지난 주 토요일에 집을 팔고 월요일에 물건을 본 후 화요일에 가계약금을 쏘게 되다니······. '지성이면 감천'이라고 했던가요? 그동안의 제 노력이 허사는 아니었나 봅니다.

계약서를 쓰기 전날, 저는 고마운 마음에 가락동에 있는 과일가게에 들러 과일바구니를 준비했습니다. 저는 한 번도 먹어본 적이 없는 고급 과일로 말입니다. 계약서를 쓴 당일에 우리는 감사의 마음으로 부동산 실장님과 매도자분께 과일바구니를 전달해 드렸는데, 이 과일바구니는 나중에 우리가 인테리어를 할 때도 많은 도움이 되었답니다. 강사님께서 말이 잘 통하는 부동산 사장님을 알아두라는 이유가 있었습니다. 실장님께서 말씀을 너무 잘해주신 덕분에 매도인의 마음이 움직였다는 생각도 듭니다. 똑똑한 실장님 한 분이

계약 당일에 부동산 실장님과 매도자분께 전달하기 위해 준비한 과일바구니

열 부동산 사장님 안 부럽네요. ^^

## 부부 팀워크의 마법이
## 큰 힘을 발휘하다!

아내와 저는 같은 방향성을 정립한 후 각자의 강점을 살려 역할을 분담하기로 했습니다. 숫자에 강한 와이프는 자금 계획과 필요한 서류 준비 등 두뇌를 담당했습니다. 그리고 기동력이 좋은 저는 발품을 팔며 부동산에 매물 소개 전단지를 돌리고 매물을 내놓는 등의 손과 발을 담당하면서 매수 후보지에 전화를 돌리고 인테리어 작업까지 맡아 진행했습니다. 이렇게 업무를 분담하니 서로의 역할에 집중하게 되면서 자연스럽게 시너지 효과가 생겼어요. 아내는 철저한 자금 계획과 준비로 재정적인 부분을 완벽하게

관리했고 저는 현장에서 활동하면서 실질적인 진행을 도왔습니다. 이 과정에서 우리는 서로의 강점을 더욱 잘 이해하게 되었고 협력의 중요성을 다시 한번 깨달았습니다. 이러한 경험을 통해 매도와 매수를 준비하는 커플이나 부부에게 부부의 팀워크를 추천하고 싶습니다. 각자의 강점을 살려 역할을 분담하면 더욱 효율적이고 성공적인 결과를 얻을 수 있으니 부부 팀워크의 마법을 믿어보세요!

## 반포 1년 실거주 후기

반포는 다음 모든 것이 조화를 이루어 정말 살기 좋은 곳이라는 생각이 듭니다.

### ① 교통

우선 사통팔달의 교통망을 자랑합니다. 고투몰과 연결되어 지하철 3, 7, 9호선 접근이 편리하고 고속버스터미널과 약 30여 개 노선의 일반 버스를 이용할 수 있습니다. 그리고 경부고속도로와 올림픽대로에 5분 안에 진입할 수 있고 서울 중심부에 위치해 어디든지 빠르게 이동할 수 있습니다. 강남역(2호선, 신분당선)도 자전거로 15분 정도 걸립니다. 저는 회사에 걸어서 출퇴근하지만, 녹지가 많아 걷기도 좋고 운동도 겸할 수 있어 무척 쾌적합니다.

### ② 학군 및 학업 분위기

학업 성취도가 높은 초중고등학교가 모여있어서 면학 분위기가 좋습니다. 영어로 대화하는 부모와 아이를 자주 볼 수 있고 서초구에서는 원어민 화상 영어 프로그램도 지원합니다. 국립 중앙도서관을 비롯해서 어린이 도서관이 많아 아이에게 책을 보여줄 기회가 많습니다. 그리고 삼호가든 사거리에 다양한 학원이 밀집해 있어 학생들이 원하는 과목이나 분야에 맞춰 공부할 수 있습니다.

### ③ 상권

강남 신세계백화점과 뉴코아백화점, 코스트코, 롯데마트, 고투몰, 남성시장(이수역) 등 상권이 다양해서 용도별 구매 선택지가 매우 폭넓습니다. 서래마을도 가까워서 디저트 가게나 비스트로 주점 등을 편리하게 이용할 수 있습니다. 물론 서울 중심부에 위치해서 아웃렛은 좀 멀다는 단점이 있습니다.

### ④ 자연환경

단지 조경도 좋지만, 도보권에 한강이 있어서 마음껏 한강을 누릴 수 있다는 점이 정말 매력적입니다. 평일에는 가끔 서래섬에 가서 샌드위치를 먹으며 한강의 아름다운 풍경을 감상하거나, 한강뷰를 바라보며 주변 카페에서 커피를 마시며 일하기도 합니다. 주말에는 아이와 함께 치킨을 먹으면서 돗자리를 깔고 앉아 반포대교 달빛

**도보권에 한강이 있어서 마음껏 한강을 누릴 수 있는 아름다운 반포!**

무지개분수를 즐기는 시간이 정말 소중합니다. 한강 변을 따라 산책하거나 자전거를 타며 여유로운 시간을 보내는 것도 큰 즐거움입니다. 이렇게 가까운 곳에서 자연을 만끽할 수 있다는 것은 일상 속에서 큰 행복을 주는 요소입니다.

### ⑤ 체육 시설 및 편의 시설

반포종합운동장과 서초구민체육센터가 도보권에 있어 다양한 운동을 즐길 수 있습니다. 서초구 자전거수리센터에서는 자전거 수리와 세차를 저렴하게 이용할 수 있습니다.

서초구 자전거수리센터

#### ⑥ 행사 및 축제

반포는 사계절 내내 즐길 거리가 풍부합니다. 봄에는 반포천 허밍웨이길을 거닐며 벚꽃을 즐기고 여름에는 곳곳에서 진행되는 야외 수영장을 이용할 수 있습니다. 가을에는 서리풀페스티벌이 열리고 겨울에는 눈썰매장을 이용할 수 있습니다. 주말에는 차 없는 잠수교 뚜벅뚜벅축제와 다양한 음악 행사가 열러 더욱 즐겁습니다. 이전에 살던 동네에서는 구나 동에서 예산을 어디에 쓰는지 눈에 보이지 않아 전혀 몰랐는데, 이곳에서는 돈을 들인 흔적이 확연히 보입니다.

그리고 무엇보다 강남 거주의 장점은 사람이라고 생각합니다. 엘

사계절 내내 즐길 거리가 풍부하여 더욱 즐거운 반포!

리베이터나 단지에서 마주치는 이웃들은 처음 본 사이지만 친절하게 인사하며 반겨주십니다. 얼굴 표정에는 여유가 있고 인상 쓰거나 소리를 치는 사람을 보기가 힘들 정도로 조용하고 서로를 배려합니다. 한 번은 아랫집 어르신께 인사할 일이 있어서 대화를 나누다가 "우리 아이가 조심한다고는 하는데 자주 뛰어서 시끄러우시죠? 그래도 쿵쿵대지 않으려고 까치발로 뛰기도 하고 그래요." 하고 말씀드렸더니 어르신께서는 앞으로는 절대 까치발로 다니지 말고 마음 놓고 뛰어놀라고 하시더라고요. '나도 저렇게 멋진 어르신이 되어야지!' 하고 생각했습니다.

## 사용 가치, 투자 가치, 연금 가치를
## 모두 넘어선 우리 집

이렇듯 '반포'라는 입지에서 오는 믿음과 확신은 이미 저를 반뽕에 흠뻑 취하게 했습니다. 반포는 어디 하나 모자랄 데 없는 이른바 '육각형'을 모두 채워버린, 정말로 입지 최강이라는 생각이 듭니다. 이제서야 왜 강남에 들어와서 살아야 하는지 어렴풋이 알게 되었습니다. 사용 가치, 투자 가치, 연금 가치뿐만 아니라 그동안 알지 못했던 세상의 다양한 소리를 듣고, 여태 살면서 경험해 보지 못한 다양한 경험을 하며, 수준 높은 이웃 주민들을 보고 배우면서 다 함께 즐기고 성장해 갈 수 있는 그런 곳이라는 생각이 듭니다.

생각해 보면 우리는 이 집에 들어오기까지 여러 가지 조건이 잘 맞아떨어졌습니다. 아내가 매물을 보러 다니며 5만 보 이상 걷던 그 시절, 지방 물건을 보러 가기로 조원들과 약속한 날 무리하게 임장을 하느라 무릎이 문제가 생겨 병원에서 몇 달 동안 물리 치료를 받아야 했습니다.

'그때 무릎이 아프지 않아 지방 아파트를 갭투자했다면?'
'매도할 때 기분이 상했다는 이유로, 마이너스 5,000만 원이 아쉽다는 이유로 매도를 미뤘다면?'
'강사님께 매수 의견 메일을 보내지 않고 우리 마음대로 행동했다면?'
'애써 주신 부동산 실장님을 만나지 못했다면?'
'그리고 무엇보다 우리 부부가 인강남 내집마련 강의인 '재테크 캠퍼스 쏘쿨스쿨' 강의를 만나지 못했다면?'

이 모든 것이 내집마련에 대해 열심히 조언해 주신 강사님의 가르침과 강남 3구에 먼저 입성한 선배들의 조언 덕분이라고 생각합니다. 다시 한번 감사의 말씀을 전하며 앞으로가 더 기대되는 이곳 반포에서 항상 감사하는 마음으로 행복하게 살겠습니다.

# 13

## 수원에서 강남 입성 성공! 현장에 답이 있다

― 포포몬쓰 님 ―

::프롤로그::

**사실 알고 있었지만 외면했던 정답지를 마주하다!**
**그땐 왜 그렇게 조급했을까?**

제가 수강했던 '재테크 캠퍼스 쏘쿨스쿨' 강의는 참으로 수학의 정석 같은, 모범생 답안지 같은 정답지였습니다. 하지만 외면하고 싶었던 정답지였죠. 더 쉽고, 더 빠르고, 더 많이 얻을 수 있는 다른 방법을 찾으려고 했으니까요. 2019년 겨울, 처음 내 집을 마련하고 나서야 아차 싶었습니다. 내 앞마당, 지금 내 눈앞에 보이는 물건으로 덜컥 매수해버렸는데, 그 이유는 조급함 때문이었습니다. 부동산 상승 분위기에 올라타지 않으면 뒤처질 것만 같은 조급함에 뭐라도 사두어야 할 것 같았으니까요. 그나마 다행인 건 2호선 역세권의 대단지 아파트였다는 거네요.

그 후 본격적으로 부동산 공부를 하기 시작했습니다. 갭 투자, 분양권, 재건축, 재개발, 상가 등등 각종 부동산 투자와 관련된 강의를 들으며 지금 살 수 있는 물건을 사서 시세차익을 봐야 한다는 욕망에 이글이글거렸죠. 처음에는 돈을 벌어서 더 좋은 곳으로 이사 가는 것이 목표였습니다. 그렇지만 사람의 욕심은 끝이 없더군요. 10채를 가진 다주택자가 되어서 월세를 받으며 살고 회사는 퇴사하겠다는 것이 어느새 저의 목표가 되었어요. 왜 이런 목표를 갖게 된 것인지는 중요하지 않았습니다. 주변을 둘러볼 틈도 없이 미친 듯이 앞으로 달려가고 있었으니까요.

**처음 매수한 1층 집**     **처음 수리한 집**

## 지방 임장, 시세차익을 거두고 싶은 욕망 속으로…
## 나는 지금 어디로 가고 있니?

어느새 난생 처음 가보는 연고지

도 없는 지방을 편도 4시간, 왕복 8시간 동안 기차에 올라타서 다니고 있었습니다. 어느 날 이런 저 자신을 기차 플랫폼에서 자주 마주하게 되었습니다. 문득 기차의 유리 창문에 비치는 제 모습을 보니 갑자기 머릿속에 이런 물음표가 잔뜩 생기더라고요.

"나는 지금 어디로 가고 있니? 뭐 하러 가는 거야? 거기는 왜 가는 거야?"

내 목표가 뭐더라……? 목표가 뭐였는지 기억이 나지 않을 정도로 머릿속이 어수선한 상태였습니다. 정신없이 회사 생활을 하면서 아이를 돌보고, 때로는 아이와 함께해야 하는 시간을 소홀히 하면서 부동산 공부를 하고 임장을 한다고 돌아다녔던 그 시간이 저를 올바른 곳으로 인도해 줄 것이라고 믿었습니다.

그렇게 시간이 지나버렸고 어느새 아이는 초등학교에 가야 하는 시기가 되었습니다. 아이가 초등학교에 입학하기 전에는 분명히 더

**지방 임장 가는 기차 밖 풍경**

좋은 지역으로 이사 갈 계획이었는데, 어찌 하여 아직도 제자리에 있는 것인지……. 무언가 이상하다는 생각이 들었고 그때 강남역에서 유명한 인강남 내집마련 강사인 쏘쿨 님의 수업을 듣게 되었습니다. 하지만 열심히 다른 길로 가고 있던 시간만큼이나 오랫동안 쏘쿨 님의 말씀을 받아들일 수가 없었어요. 제 목표가 무엇이었는지, 무엇을 잘못하고 있었는지, 그러면 이제 무엇을 해야 하는지 다 알려주시는 정말 모범 답안지 같은 강의를 두고서 정작 저 자신은 이러한 현실을 외면하느라 바빴습니다. 그리고 강사님께 계속 같은 질문만 드렸어요. (제가요, 제가요, 제가요, …….) 저의 계획, 제 선택에 대해 칭찬을 받고 싶었지만, 다른 방향으로 가야 한다는 강사님의 냉정한 답변에 무척 혼란스러웠습니다.

'결국 내 시간과 내 노력이 잘못된 방향으로 가고 있었다는 것을 인정하고 과거의 나를 용서해야 하는구나!'

초기 재개발 구역 임장    퇴근 후 야간 임장

## 어디에 살아야 하는가에 대해 고민하다

정말 쉽지 않았지만 강사님 말씀처럼 해 보기로 했습니다. 이렇게 다른 방향으로 가보기로 한 이유는 모두 제 아이 때문이었어요. 아이는 모든 선택과 목표에서 가장 중요하게 고려해야 하는 이유였습니다. 또한 소중한 기회가 아주 중요한 순간에 찾아왔다는 생각도 들었습니다.

내 가족, 내 아이가 더 좋은 환경을 누릴 수 있게 해 주기 위해 모든 자산을 처분하고 강남 3구에 입성하겠다는 목표 하나만 품었습니다. 하지만 그렇게 임장을 다녔으면서도 강남 3구에 대해서는 참으로 아는 게 없더군요. 회사와 가까운데도 가보지 않은 지역이 대부분이었어요. 어이가 없었습니다. 회사와도 가깝고, 아이 학군도 좋고, 인프라도 좋은데, 왜 저는 이런 곳을 두고 다른 지역만 돌아다녔던 것일까요? 결국 강남 3구는 저에게 유리천장이었습니다.

"저의 목표는 더 좋은 지역으로 이사 가는 거예요!!"

이렇게 말하면서 더 좋은 지역이 어딘지에 대해서는 제대로 고민해 본 적이 없었으니까요. 강남 3구……. '언젠가는 가겠지만 지금은 못 갈 것 같고 강남 3구 근처에 가면 되지 않을까?' 하는 유리천장 속에 갇혀서 저 스스로에게 핑계만 대고 있었습니다. 수많은 부동산 강사가 추천하는 지역이 있지만, 결국 중요한 것은 '내 가족에게 가장 살기 좋은 곳이 어디인가?'라는 생각이 들었습니다. 그동안 부동산 강사가 찍어주는 지역, 찍어주는 물건을 매수하는 것에 올인했다면 이번에는 제 가족만의 환경과 기준으로 볼 때 최고의 지역, 실거주 만족도를 최고치로 끌어올릴 수 있는 곳이 어디인지에 대해 오랫동안 고민했습니다. 생활 인프라, 자연환경, 교통, 직주근접, 학군 등등 모든 것에 대해 고려하던 중 많이 생각해 보지도 않았던 강남을 목표로 하게 되었습니다.

### 내 인생의 큰 방향성은 내 아이와 가족의 행복!
### 진정으로 가족과 내 미래를 위한 선택을 하다

원래 매수보다 매도가 더 힘들다고 하죠. 물론 저도 매도가 굉장히 힘들고 오래 걸렸지만, 이번에는 매수가 더 힘들었습니다. 많이 고민한 후 아주 신중하게 결정해야 했습니다. 단순히 아파트를 매수하는 것이 아니라 제 가족의 터가 바뀐다는 생각으로 치열하게 매일매일 고민하고 또 고민하면서 스스로에게 많은 질문을 던졌습니다.

'지금 이 선택으로 내 가족에게 올 변화가 기대되는가?'
'지금 이 선택으로 후회하는 일이 있겠는가? 있다면 선택하지 않

은 후회와 비교해 보았을 때 어떠한가?'

'내 욕심에 의한, 조급함에 의한 선택은 아닌가?'

'위기가 왔을 때 대처할 수 있는 선택인가?'

'지금 이 선택이 나와 내 가족에게 정말 최선인가?'

이렇게 신중하고 또 신중하게 선택을 하다 보니 그동안 얼마나 고민 없이 그냥 조급함과 욕심만으로, 그리고 대책 없이 집을 매수했는지 알 수 있었습니다. 부동산 투자와 매수에 대한 다양한 기술을 알려주는 강사와 강의는 많았습니다. 그런데도 스스로 혼자 고민해서 매수하게 해 주는 강의는 없더라고요. 물론 다른 부동산 강사분들도 "이렇게 찍어주는 것만 사면 안 됩니다. 혼자 노력하고 공부해서 매수해야 합니다!"라고 말하면서 다양한 매수의 기술을 알려줬어요. 하지만 이런 기술을 알려주기 전에 왜? 그리고 어떤 목표 때문에 이 공부를 시작했는지가 더 중요하다는 것을 직접 해 보니 알겠더라고요.

## 뜨거운 여름, 더 뜨거운 강남 3구

2024년 여름은 유독 뜨거웠습니다. 기상관측 이래로 가장 기온이 높은 한 해였다고 하더라고요. 정말 바닥이 녹아내릴 것 같은 여름이었습니다. 이런 분위기 속에서도 강남 3구의 매수세는 날씨만큼이나 뜨거웠죠. 올여름이 뜨겁거나 차갑거나, 오늘 날씨가 비가 오거나, 폭염주의보 경보가 울리거나, 저에게는 그게 중요하지 않았습니다. 이미 방향성과 목표가 정해졌는데 뭘 꾸물거리고 있겠어요. 여기까지 목표를 잡고 오는 데 오랜 시간이 걸렸지만 괜찮다고 생각했습니다. 저에게는 월, 화, 수, 목, 금, 토(일요일은 부동산 쉬는 날+아이와 놀아주는 날), 이렇게 일주일에 6일이라는 시간이 있었고 매일 임장할 준비가 되어 있었으니까요. 무더운 여름이었지만, 매일매일 미친 여자처럼 임장하면서 시간을 보내고 있었습니다.

저는 제가 땀이 별로 없는 체질인 줄 알았는데, 한여름에 임장하면서 그게 아니라는 것도 깨달았습니다. 부동산 분위기가 달아오르니 매도자들도 점점 달아나는 게 느껴졌습니다. 하루에도 몇 채씩 임장할 매물들이 많았는데, 점점 보류되는 물건들이 생기면서 매물이 사라지는 것을 현장에서 느낄 수 있었죠. 가격도 어느새 5천, 1억, 2억…… 마구마구 오르더라고요. 실거주자가 부동산 매수하기 좋은 시기는 부동산 대출 규제가 나오고 분위기가 냉랭해졌을 때겠죠? 하지만 제가 매수하려고 열심히 다니던 시기는 부동산 분위기가 무척 뜨거워서 저는 또 선택의 순간을 마주하게 되었습니다.

## 내 가족에게 매수하기 좋은 시기란?
## 과연 내가 살고 싶은 지역, 단지, 집인가?

'지금은 너무 상승 중인 것 같은데, 다음 타임을 기다려야 하는 것일까? 그런데 그다음 타임은 언제 올 거라고 확신할 수 있을까?'

'내가 감히 미래를 맞출 수 있나? 그렇다면 내 가족에게 매수하기 좋은 시기는 언제일까?'

앞으로 열심히 직장 생활을 할 수 있는 시기는 10년 남짓. 회사 생활 14년 차 맞벌이 부부에게는 현재가 소득이 가장 높은 구간이라는 생각이 들었어요. 그리고 무엇보다 제 아이가 초등학교 1학년이라는 사실이 중요했습니다. 만약 이번에 이사를 못 하면 3학년, 4학년, …… 더 애매해져 버리는 시기에 전학을 가야 하는 상황이 되는 것이었어요. 그래서 저는 부동산 상승기와 하락기 그래프가 아니라 제 가족의 그래프를 생각하려고 집중했습니다.

목표하고 있는 지역의 모든 부동산을 탈탈 털겠다는 마음으로 급매뿐만 아니라 매수할 수 있는 물건을 찾았지만, 결코 작년의 가격으로는 매수할 수 없다는 것을 알았습니다. 과거로 되돌아갈 수 없는데, 자꾸 지난 가격만 뒤돌아보면서 한숨만 쉬고 싶지는 않았어요.

'내가 지금 부동산 실거래 그래프에서 피크 구간 그룹에 있을 수도 있지. 하지만 난 이 물건을 단타 치겠다는 생각으로 매수하는 것이 아닌데……. 그것보다 내가 살고 싶은 지역의, 살고 싶은 단지의, 살고 싶은 집인지가 더 중요해.'

저는 이것이 가장 중요하다는 생각을 잊지 않으려고 노!력!했습니다. 정말 정말 노력해야 했습니다. 그렇지 않으면 또다시 시세차익을 노리려는 욕망이 스멀스멀 올라왔거든요. 최대한 많은 부동산을 방문했고 지금 부동산 장부에 있는 물건 중에서 제가 안 본 물건이 있으면 안 된다는 생각으로 일요일 빼고는 매일매일 임장을 다녔습니다. 그랬더니 한 달 만에 3kg이나 빠지는 다이어트 효과도 얻었어요. (원래 아이 낳고 남은 3kg은 안 빠지는 거라고 들었는데, 그것도 아니더군요.)

한여름 뜨거운 날씨 속에서 땀을 비 오듯이 흘리며 임장을 하고 있었지만, 이상하게 마음이 즐겁더라고요. 제 가족이 살게 되는 집을 보기 위해 임장하는 것과 언젠가는 팔 목적으로 매수하는 투자 물건을 보기 위해 임장하는 것은 정말이지 천지 차이였습니다. 아무리 몸이 힘들어도 지치지 않았습니다. 왜냐하면 이 집에서 제 아이가 돌아다니는 모습과 이 지역 인프라를 누리면서 살게 될 우리 가족의 모습을 상상하니 제 아이의 미래가, 우리 가족의 내일이 너무 기대되어서 웃음이 절로 났으니까요.

## 입지가 최우선!
## 연식과 평형에 대한 기대치 낮추기

강남 3구로 이사하는 것은 좋지만, 아파트의 연식과 평형에 대한 기대치를 낮추어야 했습니다. 이것은 많은 분이 그렇듯이 우리도 굉장히 많이 고민해야 했던 부분이었어요. 강남 3구이지만 20평대로 가느냐, 아니면 더 넓고 연식도 더 새것이지만 서울의 다른 지역으로 이사를 가느냐…….

제 눈으로 직접 보고 느끼면서 제가 살 집을 비교해야만 했습니다. 그래서 비교하기 임장을 계속 다녔습니다. 월요일, 화요일은 반포, 잠실, 대치, 도곡, 역삼 등 강남 3구 지역을 돌아다녔고 수요일은 강남 외 다른 지역을 둘러보았어요. 목요일, 금요일에는 다시 강남 3구 중에서 월요일과 화요일에 못 가본 지역으로 돌아다녔고 어

학원, 병원, 백화점 등 없는 게 없는 강남 인프라

제, 오늘, 내일 매일매일 연속으로 다른 지역과 비교해 보면서 임장을 하다 보니 처음에는 보이지 않던 것들이 점점 보이기 시작했어요. 카페에 앉아 있는 사람들의 구성, 주변 인프라와의 차이, 길에서 마주치는 사람들의 표정, 놀이터에서 놀고 있는 아이들과 부모님들과의 대화, 책이나 그래프 자료에서는 볼 수 없는 그런 차이를 현장에서, 아파트 단지 안 놀이터에서, 아파트 카페 안에서, 주변 거리에서 느낄 수 있었습니다.

### 왜 강남인가?
### 정답은 현장에 있다

강남 외 지역에 임장을 갔을 때 방문했던 신축 아파트들은 정말 으리으리했어요. 펜스 안에만 시선이 가더라고요.

"이 아파트가 다 완공되고 나면 얼마나 멋질까? 가격도 엄청나게 오르겠지?"

강남 밖 지역이지만 10번을 임장 와도 '여기가 좋다.'라는 생각이 들면 이사 가려고 했습니다. 하지만 5번, 6번, 7번 정도 갔을 때는 점점 펜스 밖 풍경과 사람들이 눈에 보이기 시작하더라고요. 1인 가구가 많은 지역이라 카페에는 가족 단위 사람들보다 혼자 앉아서 공부하는 학생들이 많았고 주변에 인프라는 많았지만 아이에게 도움이 되지 않는 유흥시설이 많이 보였어요. 도로 폭도 좁아서 전혀 쾌적한 느낌이 들지 않았습니다. 지역을 비교하기 위해 매주 강남 3구에 가보니 강남 거주 지역 주변 카페에는 가족 단위 사람들과 여유 있어 보이는 어르신들이 많이 있었습니다. 주변 인프라는 은행, 병원, 키즈 시설, 맛집 등등 살기에 너무 편한 생활시설이 많이 있었고요. 도로 폭은 왜 이리 넓은지 유모차가 여러 대 지나다녀도 불편하지 않게 도로가 대부분 깨끗하고 넓게 정돈되어 있었습니다.

학령기 아이가 있는 맞벌이 부부에게 가장 중요한 인프라가 무엇인지, 내 가족에게 가장 중요하고 매일 이용하게 되는 인프라가 무엇인지 고민해 보니 당연히 아이의 학군과 학원이었습니다. 아이가 어떤 적성을 찾게 되든지 부모로서 지원할 수 있는 다양한 교육 환경과 배움의 기회를 마음껏 선택할 수 있는 환경이 가장 중요했습니다. 다 알고 있다고 생각했거든요. 강남 좋은 거 누가 모르나요? 다 알죠. 하지만 매일, 매주 직접 강남 3구에 가서 내 가족이 여기에서 살게 된다는 상상을 하며 보고 느끼는 것은 또 다른 배움이었어요. 정답은 현장에 있더라고요.

## 강남에 우리 가문의 터를 잡다

살랑살랑 봄바람 불 때 인강남 내 집마련 강의를 듣기 시작해서 어느 해보다 뜨거웠던 여름을 지나 선선한 가을이 되었을 무렵, 우리는 그렇게 원하던 강남에 다음 터를 마련하게 되었어요. 저는 수원에서 태어나서 대학교 4년, 직장 생활 10년을 서울로 다녔습니다. 수원에서 서울까지 왕복 5시간을 빨간색 광역버스와 지하철에서 20대와 30대 초반을 보낸 것이죠. 그래서 저녁이 있는 삶이 어떤 건지 알 수가 없었어요. 집에 빨리 와야 밤 9시였고 보통 밤 10시나 밤 11시에 집에 도착해서 씻고 자고, 다시 다음 날 새벽에 일찍 일어나서 똑같이 빨간색 광역버스와 지하철에 끼어 출근하면서 숨차게 살아야 했으니까요.

퇴근길에 너무 배가 고프면 광역버스에서 우유랑 편의점 빵으로 꼬르륵거리는 소리를 잠재워야 했고, 컨디션이 좋지 않을 때는 광역버스에서 내려서, 또는 지하철 중간에 내려서 의자에 앉아 쉬어야 했어요. 정말 당장 길바닥에 쓰러질 것 같을 때가 많았거든요. (광역버스에서 의자에 앉아 있는 아저씨에게 노랗게 질린 얼굴로 "아저씨, 저 지금 쓰러질 것 같아요." 하고 말하니 자리를 비켜주신 분도 있었어요.) 저녁이 있는 삶이란 잠들기 전에 잠깐 휴대폰을 잠시 보는 여유 같은 거라고만 생각했어요. 정말 무서운 건 그런 삶이 너무나도 당연한 것이라고 생각하면서 바꿔야겠다는 시도조차 하지 않았던 거예요. 아침 일찍 몸을 구겨 넣는 버스와 지하철에는 저와 같은 사람들뿐이었습니다. 다들 그렇게 살고 있는데, 힘들다고 징징거리는 어린애 같은 생각은 집어치우고 지금처럼 계속 열심히 살아야 한다고 생각했다는 것이 너무 슬프고 무서웠어요. 아무리 교통이 편리해졌어도 이런 등교 시간과 출퇴근 시간은 여전히 너무나도 힘이 듭니다. 물론 시간도 아깝고요. 길에 뿌리는 이 시간을 더욱 행복하고 유익하게 보낼 수도 있는 거 잖아요.

행복하고 유익하게 시간을 보내는 게 좋다는 것은 누구나 알고 있지만, 이렇게 하려면 너무 많은 것을 바꿔야 하더라고요. 내 신념, 목표, 수입, 익숙한 생활 환경, 내 가족의 터 등등 이 모든 것을 바꿔야만 행복하고 유익한 시간을 누릴 수 있었어요. 제가 아이에게 물려주고 싶은 것은 단순히 강남에 있는 집이 아니었습니다. 10년 넘게 길바닥에서 시간을 보내고도, 그 시간이 아깝다는 것을 알면서도 바꿔가겠다는 시도조차 하지 않았던, 시도라는 걸 해야 한다는 생각조차도 하지 못했던 유리천장이 아니었어요.

'내가 원하면 언제든지 더 나은 삶을 위해 스스로 변화하고 노력하면 쟁취할 수 있다. 그러니 너는 지금보다도 더 나은 삶을 찾아서 꼭 쟁취하기를 바란다.'

이런 마음과 경험을 물려주고 싶었습니다. 저는 많은 분이 내 아이와 내 가족의 미래가 기대되는 선택을 꼭 함께 하셨으면 좋겠습니다.

우리 가문의 시작, 강남 내집마련 성공!

### 14

# 천호동에서 반포로!
# 손에 쥔 것을 놓아야
# 새로운 시작이 가능하다!

감사한 하루 님

∴ 감사한 하루 님 ∴

## 천호동 재개발 2채 = 반포 1채
## 17년 만에 확정된 손실 약 3억 4,000만 원!

'교환 가치를 깨우치자!'

2007년부터 17년간 보유했던 천호동 재개발(추후 가로주택정비사업 때 소규모 재건축으로 변경됨. 이하 '재건축'으로 표기) 매물 2채를 매도하고 손실을 직접 마주할 수 있었던 건 이 교훈 덕분이었습니다. 단순히 '손에 쥔 것을 놓아야 새로운 것을 쥘 수 있다.'는 것을 넘어 비록 손실이 생겨도 이 못난이 2채를 내 손에서 놓으면 반포 아파트를 매수하고 실거주하면서 아이들을 반포에서 등교시킬 수 있다는 사실이 명확하게 보였습니다. 그러자 제 두 눈은 뜨겁게 불타올랐고 가슴이 세차게 뛰었습니다. 또한 그 어떤 장애물도 반포를 향한 제 마음을 꺾지 못했습니다.

저는 17년 전 잘못된 투자가 안겨주었던 자괴감, 이번 생은 망했다는 무력감, 벼락 거지가 되어 버린 현실이 안겨주는 비통함, 매도 과정에서 겪었던 수많은 고난으로 굉장히 심하게 고통받았습니다. 그런데 천호동 재개발 반지하 빌라 2채를 모두 정리하고 반포 아파트의 매수 계약서를 작성하자 이 모든 것이 '반지하 빌라 팔고 반포 아파트 매수!'라는 빛나는 스토리로 변했고 과거의 고통은 거짓말처럼 추억이 되었습니다.

## 무산된 '한강 르네상스' 사업!
## 호재만 보고 매수한 자의 비참한 최후

오세훈 당시 서울시장(2006~2011년 재임)은 2007년부터 한강을 중심으로 한 도시 재개발 프로젝트 '한강 르네상스'를 추진했습니다. 이로 인해 천호뉴타운 안에 있는 빌라촌의 매매가가 하루가 다르게 상승했어요. '천호역 역세권의 한강뷰 대단지 신축 아파트(평균 30층, 최고 50층 2,200세대)에 입주할 수 있다.'는 부동산 사장님의 말씀에 저는 2007년과 2009년에 대출을 일으켜서 2억 원대의 재개발 물건 2채를 매수했습니다. 저와 남편은 앞으로 좋아질 천호동의 핑크빛 청사진에 들떴고 하루라도 빨리 신축 아파트에 입주하기를 고대했습니다.

하지만 2011년 오세훈 시장이 무상 급식 문제로 서울시장직에서 중도 퇴진했습니다. 그리고 박원순 당시 서울시장이 재임하던 기간(2011~2020년) 동안 7구역까지 있었던 천호뉴타운은 천호 1~3구역을 제외하고 모두 정비 구역이 해제되었습니다. 호재가 사라진 구축 빌라촌은 어느새 신축 다세대 주택들이 우후죽순 난립했어요. 해당 번지 일대는 노후도가 충족되지 못해서 가로주택정비사업(소규모 개발을 통해 가로수길이나 도로와 같은 도시의 가로와 접한 주택지구를 정비하는 사업)도 추진할 수 없었습니다. 그 어떤 호재도 남아있지 않은 구축 빌라의 반지하 매물은 매매가가 곤두박질쳤고 아무리 가격을 싸게 내놓아도 매수 희망자를 찾을 수 없었습니다. 호재만 보고 잘못된 투자를 했다는 자괴감이 지속적으로 제 마음을 짓누르고 괴롭혔습니다.

## 동생과 같은 출발, 하지만 전혀 다른 결과…
## 이번 생은 망했다는 무력감에 시달리다

이미 보유 중인 주택이 2채였기에 감히 세 번째 주택을 매수하는 것은 엄두가 나지 않았어요. 그리고 천호동 재개발 2채는 절대로 팔리지 않을 거라는 생각에 한없이 무기력했습니다. 이번 생은 망했다는 생각으로 자포자기한 채 공허한 마음을 소비를 통해 위로받으려고 했습니다. 하지만 소비가 주는 위로는 찰나에 불과했어요. 반복적인 소비를 지속했지만 헛헛한 마음을 달랠 길이 없었습니다. 어느새 17년이라는 세월이 흘렀고 마흔을 훌쩍 넘겼지만 또 실패하면 더는 버틸 수 없을 거라는 두려움에 갇혀 그 어떤 선택도 하지 않은 채 무기력했고 시간은 자꾸 흘러만 갔습니다.

저에게는 1살 어린 남동생이 있습니다. 저와 함께 가난한 유년 시절을 보낸 동생은 엄마와 제가 각각 1,000만 원씩 지원해 준 전세보증금으로 신혼집을 마련했습니다. 맞벌이 부부였던 동생네 부부는 월급의 90% 이상을 저축하면서 2년간 1억 원의 종자돈을 마련했습니다. 여기에 회사 지원 대출을 적극 활용해서 광명의 재건축 아파트를 매수하고 실거주한 후 비과세 요건을 충족하자마자 응봉동의 재건축 아파트로 갈아탔습니다. 이후 2015년, 동생네 부부는 대출을 최대로 일으켜서 잠실 한강 변 대단지 신축 아파트 33평을 9억 원 후반대에 매수해서 갈아탔습니다.

동생네 집들이에 가서 광활한 아파트 지하 주차장에 충격도 받고 유럽풍의 멋진 단지 조경에 감탄했지만, 딱 거기까지였습니다. 이미 집이 2채가 있다는 것에 매몰되어서 부동산에 관심이 없던 저는 '동생이 왜 그런 선택을 했는지'에는 관심을 갖지 않고 '무리한 대출을 일으켜서 경제적으로 힘들 텐데…….'라는 생각으로 동생네 부부를 마냥 안쓰럽게 바라보았습니다.

그런데 코로나19 팬데믹을 거치면서 2022년 동생의 잠실 아파트 실거래가가 26억 원을 넘어가면서 순식간에 30억 원을 넘길 것처럼 무서운 기세로 가격이 수직 상승했습니다. 언론에서는 '벼락 거지'라는 신조어를 연일 보도하면서 집값의 가파른 상승으로 전국이 들썩였습니다.

저는 커다란 망치로 뒤통수를 아주 세게 두들겨 맞은 느낌이었어요. 이렇게 넋 놓고 있으면 안 되겠다는 생각도 들었습니다. 하지만 천호동 재개발 물건 2채를 가지고 있는 현실의 무게감이 너무 무거웠습니다. 그리고 가슴 안쪽이 먹먹하고 무거운 쇳덩이를 올려놓은 듯 가슴이 답답했습니다.

## 손에 쥔 것을 놓아야
## 새로운 시작이 가능하다

2022년 2월, '지금과 같은 방식으로 살면 안 되겠다.'는 생각으로 재테크 공부를 시작했습니다. 과거에 주식 투자할 때 현업에 집중하지 못했던 경험 덕분에 저는 안전 자산인 부동산을 공부하고 싶다는 생각이 들었어요. 그러다 2023년 인강남 내집마련 강의를 수강하면서 '보유 중인 매물들을 놓아야 새로운 시작이 가능하다.'는 확신이 들었습니다. 그리고 지난날과는 비교도 할 수 없는 저돌적인 에너지와 '반포 아파트에 실거주하면서 아이들을 반포에서 등교시키겠다.'는 일념으로 똘똘한 1채를 향한 총력전을 시작했습니다.

저는 천호동 반지하 매물을 매우 싼 가격에 부동산에 내놓는 계획을 세웠습니다. 이 계획을 시어머님께 말씀드렸더니 강동구에 오래 거주하셨던 시어머님께서는 천호동 지인분께 이 계획을 공유하셨습니다. 지인분께서는 "왜 그렇게 싸게 팔려고 하냐?"고 만류하시면서 "만약 그 가격에 판다면 지인들 중에 사려고 하는 사람이 있을 거다."라고 말씀해 주셨습니다. 그리고 거짓말같이 다음 날 바로 매수 희망자가 나타났습니다. 시어머님께서는 "복비가 아까우니 부동산을 끼지 말고 계약서를 작성하자."고 제안하셨어요. 2024년 2월, 직거래로 매수자와 매매 계약서를 작성했고 저는 믿기지 않는 현실에 기뻐서 펄쩍펄쩍 뛰었습니다.

그런데 2024년 3월, 중도금 지급을 앞두고 갑자기 천호동 반지하 주택 매수자가 불안하니 중도금 전까지 주택담보대출을 갚으라고 연락했습니다. 계약서에는 잔금일에 주택담보대출을 갚기로 명시되어 있었어요. 하지만 혹시나 계약이 파기될지도 모른다는 불안감에 매수자가 원하는 대로 주택담보대출을 바로 상환했습니다. 그리고 매수자의 요청으로 기존 월세 세입자에게 이사 갈 것을 안내했습니다.

## 매도 과정에서 겪었던 수많은 고난을 딛고 드디어 무주택자가 되다

그렇게 매수자가 원하는 모든 조건을 맞춰주면서 중도금을 지급하라고 요청했어요. 하지만 끝끝내 매수자는 중도금을 지급하지 않고 계약 파기를 요청했습니다. 너무 당황스러운 상황이었지만, 저희는 계약금을 돌려주지 않으면 된다는 생각에 "매수자의 일방적인 사정으로 중도금 일자에 중도금이 미지급되었고 중도금 지급을 여러 차례 요청했지만 이행하지 않았기에 매수자의 귀책으로 계약이 파기되었으므로 계약금 반환이 불가합니다."라고 안내했습니다.

부동산을 통하지 않고 직거래를 했던 탓에 매수자는 저에게 직접 여러 번 전화를 걸어서 "법?! 계약서고 나발이고 그런 거 난 모르겠고 내 돈 내놔!"라고 소리쳤고 저는 한동안 매수자의 고성과 협박에 시달렸습니다. 매수자는 시어머니께도 전화를 걸어서 계약금을 돌려달라고 생떼를 썼습니다. 우리 집 주소가 계약서에 적혀 있었기에 갑자기 누군가 초인종을 누르면 매수자가 찾아온 것은 아닌지 심장이 뛰어서 일상생활에 집중할 수가 없었습니다. 저는 계약금 전액을 매수자에게 돌려주고 매수자가 보관 중인 계약서를 수거했습니다. 이런 일을 겪고 나니 천호동에 대한 정이 떨어지더라고요. 그런데 거기서 끝이 아니었습니다.

천호동 반지하 주택에 살던 월세 세입자가 이사 가는 날, 저희는 처음으로 그 집에 들어가봤어요. 2009년에 매수하고 15년 만이었습니다. 세입자가 오랫동안 거주했기에 집이 낡았을 거라고 상상은 했지만, 눈앞에 보이는 광경은 상상을 초월했습니다. 이런 곳에서 아이들을 키웠고 장성한 자녀가 둘이나 함께 거주하고 있었다는 사실이 두 눈으로 직접 보고도 믿기지 않을 정도였습니다.

세입자가 이사 간 후 천호동 반지하 주택의 실내 상황

너무나 충격적인 집 상태에 저는 "집을 수리해야 해서 보증금 전액을 돌려드릴 수 없습니다."라고 말씀드렸습니다. 그러자 갑자기 세입자의 남편이 흥분해서 식탁 의자를 여러 번 바닥에 내리치고 집어던지면서 "아니! 짐을 빼고 있는데 보증금을 못 준다는 게 무슨 경우냐!"고 하면서 고성을 질렀습니다. 거구의 아들은 당장이라도 저희 남편을 칠 것처럼 노려봤어요. 이러다 사고가 나겠다 싶어서 저는 남편에게 보증금을 다 돌려주고 마무리하자고 이야기했습니다. 세입자가 공과금을 모두 정산한 것을 확인한 후 보증금 전액을 세입자에게 지급했습니다.

이후에도 천호동 부동산에서 사기를 치는 등 다양한 사건이 발생했지만 포기하지 않고 다시 일어나서 계속 다양한 매도 방법을 시도했습니다. 17년간 '이번 생은 망했다.'고 생각하고 자포자기하면서 살아왔는데, 인강남 내집마련 강의를 수강하고 만 1년 만에 2채를 모두 정리하고 무주택자가 될 수 있었습니다.

### 나에게도 기적이!
### 드디어 반포 아파트 매수 계약서를 쓰다

반포와 잠원에 있는 부동산을 다니면서 매수할 아파트를 찾던 중 부동산에서 "반포 아파트 매물이 급매로 나왔어요."라는 연락을 받았습니다. 너무나 가고 싶었던 아파트였지만, 현재 예산으로는 무리였기에 저는 "현금이 부족해서 반포 아파트는 매수가 불가능해요."라고 답변했습니다. 하지만 부동산에서는 예산을 점검하고 얼마가 부족한지 알려달라고 했습니다.

가고 싶었던 아파트였기에 혹시나 예산이 가능할지 저는 책상에 앉아서 자금 계획을 다시 한번 촘촘히 살펴보았습니다. 그런데 아무리 머리를 굴리고 비상금을 털어도 5,000만 원이 부족한 것을 메꿀 수가 없었습니다. 그래서 저는 부동산에 연락했어요.

"아무리 계산해도 현금 5,000만 원이 부족해서 반포 아파트는 포기할게요."
"5,000만 원이요? 기다려봐요. 그 5,000만 원은 나중에 전세입자 만기 때 준다고 얘기해 볼게요"

'응? 나는 포기한다고 전화한 건데, 지금 이게 무슨 상황이지?'라고 생각하면서도 갑자기 가슴이 뛰는 것을 느꼈습니다. 저는 서둘러 반포 일대 부동산에 전화를 돌렸고 '반포 아파트' 급매가 있는지 매물을 찾기 시작했습니다. 그리고 현재 나와 있는 매물 중 제가 소개받은 반포 아파트 매물이 가장 싸다는 것을 알 수 있었어요. 저는 바로 부동산에 전화해서 주변 반포동과 잠원동의 매물 시세를 확인했습니다. 그리고 나니 반포 아파트 물건의 가격이 비싸지 않다는 확신이 들었습니다.

잠시 후 부동산에서 제 상황에 맞춰 5,000만 원을 전세입자 만기일에 받는 조건으로 매도자와 조율했다는 연락이 왔습니다. 반포 대단지 아파트 중에서 매매가가 ○○억 원 아래인 매물은 찾을 수 없었기에 '조율된 조건을 무조건 받아들여야겠다.'고 생각했어요.

2024년 연말!
저는 계약금을 이체했습니다. 드디어 저에게도 기적이 일어난 순간이었습니다.

## 좋은 집에 가면
## 위로받고 힘을 얻는다

반포 아파트를 매수하니 과거 천호동 재개발 물건들을 사서 고통스럽다고 느꼈던 17년의 세월이 아득한 추억으로 다가왔어요. 현재의 선택으로 과거가 변하는 신비로운 경험이었습니다.

'좋은 집에 가면 위로받고 힘을 얻는다.'는 말이 있는데요, 아직 입주하기 전이지만 좋은 물건을 샀다는 확신만으로도 마음이 든든하고 힘이 났습니다. 이제 새로운 여정이 시작되었습니다. 앞으로 10년 이상 잘 버티고 잘 대응해서 우리 가족이 이 아파트에서 편안하게 거주할 수 있도록 현업은 물론 부업도 열심히 병행할 계획입니다.

과거를 정리한 2024년, 새로운 여정이 시작된 2025년! 큰 변화를 마주한 우리 가족을 응원해 주시면 감사하겠습니다!

## '남보다 덜 내고 더 빠르게 부자가 된다!'

① 연금저축　② 퇴직연금 (IRP, DC)　③ ISA 완전정복!

국내 최고
연금 전문가의
왕초보
입문서!

〈부록〉

월 배당 ETF 리스트

"헉! 김부장 연금이 나보다 많다고?"

수천 명 퇴사준비생의 연금을 키워줬다!
국내 최고 연금 전문가 김범곤 2탄!

지금 읽기만 해도
❶ 퇴직소득세
❷ 연금소득세
❸ 건강보험료

SAVE!

# 아파트 시세지도 창시자 쏘쿨이 돌아왔다!

**책 속 선물**
1인 가구/신혼부부 워킹맘 주목!

**본인 자금 1억으로 시작하는 아파트 단지 21**

**'시세지도'란?** : 15년 전 쏘쿨 님이 창시. 지도 위에 입지, 평형, 시세 비교를 직접 그려서 지역 전체를 한눈에 파악하기 위한 1쪽짜리 내집마련 여행지도. 쏘쿨 님에게 '시세지도' 작성법을 배운 수강생들이 현재는 부동산 강사가 되어 활동 중이다. '시세지도'는 스마트폰이 없던 시절부터 부린이들의 나침반 역할을 하며 내집마련 조사방식을 송두리째 바꾸었다.